압록강은 다르게 흐른다

문화인류학자의 눈으로 본,
국경과 국적을 넘어
아웅다웅 살고 오순도순 지내는
사람들 이야기

강주원 지음

압록강은

다르게 흐른다

사람들은 아버지를 난쟁이라고 불렀다. 사람들은 옳게 보았다. 아버지는 난쟁
이였다. 불행하게도 사람들은 아버지를 보는 것 하나만 옳았다. 그 밖의 것들
은 하나도 옳지 않았다.

_ 『난장이가 쏘아올린 작은 공』(조세희, 이성과힘, 2000) 중에서

중·조 국경의 삶을 기록하고 말하다

2000년에 남북 정상회담이 있었다. 그해 여름 나는 영화《인디애나
존스》에서 인류학을 전공한 주인공을 떠올리면서 중·조 국경을 만
났다. 설레는 현지조사의 첫 경험을 담은 석사 논문 「탈북자 소수
집단에 대한 남한 사회의 구별짓기」(2003)의 화두는 위에 인용한
『난장이가 쏘아올린 작은 공』의 한 구절이었다.

그 이후, 나는 중국 국경 도시 단둥을 알아가기 시작했고 2013년
에 박사 논문의 연장선상에서 『나는 오늘도 국경을 만들고 허문다』
를 출간했다. 이때만 해도 중·조 국경에 함께 기대어 살고 있는 네
집단(북한사람, 북한화교, 조선족, 한국사람)의 삶을 꾸준히 기록할 수

있는 기회가 주어진 덕분에 연구자로서 행복했다. 여러 사례들을 직접 보고 들으며 그것들에 대한 의미를 새로이 부여하고, 이런 결과물을 가지고 글과 강의로 사람들에게 알리고 싶은 꿈을 가졌다. 나는 통일 논의에 조금이나마 도움이 되는 인류학의 길을 걸어가고 있다고 생각했다.

하지만 그것은 착각이었다. 바람과 다르게 한국 사회는 다른 모습으로 변해가고 있었다. 점점 더 단둥과 중·조 국경에 대해 한국 사회가 만들어 놓은 두껍고 높은 편견의 장벽 앞에 서 있는 나를 발견하였다. "단둥에는 남북의 사람들이 어울려 살고 있습니다."라고 열심히 설명을 할 때마다, 그저 "새롭네요. 몰랐어요."와 같은 무덤덤한 반응에 힘이 빠지곤 했다. 2013년 겨울 나는 한국 사회에 살아가는 연구자로서 아픔과 당황스러운 경험, 즉 한국 정부 입장에 반하는 내용을 발표할 수 없다는 사실 앞에서 한동안 연구 주제를 잃고 방황도 했다.*

중·조 국경에서 한국 사회를 만나다

그렇다고 해서 나는 16년 넘게 작업한 압록강과 두만강이 삶의 터전인 사람들의 이야기를 귀 기울이고 대화하기를 중단한 건 아니었

---

* 《한겨레신문》 2014년 4월 14일자, "통일부는 '5·24 조치'의 폐해를 보려 하지 않아", "통일부는 학자 위에 군림하는 곳인가" 참조.

다. 『난장이가 쏘아올린 작은 공』에서 주인공이 한 말을 되새기는 나만의 노력을 기울이며 연구를 게을리하지 않았다. 그리고 나는 이런저런 질문을 나에게 던졌다.

한국 사회는 이 국경 지역을 있는 그대로 바라보고 있는 것일까? 압록강과 두만강을 답사하고 여행한 사람들이 본 것이 현실의 전부일까? 무언가 놓치고 있지는 않을까? 태어나서 처음으로 압록강을 본 초등학교 1학년 아들이 압록강에 들어가기를 무서워하는 반응을 보였을 때에, 그리고 한 번도 북한사람을 만난 적이 없는 아들이 북한 사람은 무섭다는 반응을 보였을 때에 아들은 누구의 영향을 받은 것이었을까? 한국 사회는 아무런 책임이 없는 것이었을까?

이런 질문을 계속 하는 것은 인류학의 방법론인 한국 사회를 낯설게 받아들여 고민하는, "낯선 곳에서 나를 만나"는 것을 실천하는 것이었고 중·조 국경의 삶과 한국 사회를 함께 읽어내는 과정이기도 했다. 즉 "낯선 곳인 중·조 국경에서 내가 속한 한국 사회를 만나다."는 이 책의 출발점이자 뼈대이다.

책에선 다양한 사례와 사진들을 통해 압록강은 북한과 중국만의 배타적 공간이 아니고 한국 사회의 다양한 모습이 투영되고 여러 나라 사람들이 더불어 살고 있는 강임을 보여주고자 했다. 그리고 압록강과 두만강은 다양한 집단이 살아가는 삶의 터전이지 한국과 떼어 놓을 수 없다는 것을 독자들에게 들려주고자 노력했다. 이 책에는 그들만의 이야기만 있는 건 아니다. 북한과 한국 사회를 살아가고 있는 우리의 이야기이기도 하다. 욕심을 부리고 싶다. 독자들이 이 책을 중·조 국경과 한국 사회를 함께 알아가는 책으로 활용해줬으면 좋겠다.

나의 색깔은 어떤 것일까?

2016년 1월 북한의 4차 핵실험이 있었다. 2010년 "5·24 조치"의 연장선상에서 대북제재가 한층 더 심각해지고 있는 시기에 나는 어느 한 학술대회에서 발표한 적이 있다. 2010년 전후 단둥과 중·조 국경이 어떤 상황인지를 정리한 내용을 듣고 한 연구자가 질문을 하였다.

> 강 선생의 연구는 박사 논문(2012) 이후에 달라진 것이 없고 새로운 것이 없다는 인상을 받았습니다. [...] 어쩌면 자신이 보고자 한 내용과 말하고자 싶은 사실만을 선택해서 요약을 한 것 같습니다. 그렇다면 차라리 (강 선생의) 입장과 색깔을 밝히는 것이 좋지 않을까요?

짧게 주어진 시간 때문에 으레 하는 말과 함께 "저는 사실의 힘을 믿는 인류학을 전공하고 있다."고 마무리했다. 하지만 그의 지적 덕분에 "그동안 나는 한쪽 눈으로만 보고 한쪽으로 치우친 입장과 색깔을 가진 내용으로 이루어진 연구를 한 것일까?"라는 내 연구에 대해 근본적인 질문을 하는 기회를 얻었다.

오랜 고민 끝에, 학술대회 그날로 돌아간다면 꼭하고 싶은 답변이 생겼다. "선생님이 언급한 바와 같이 제 연구는 6~7년 전과 크게 달라진 것도 새로운 것도 없습니다. 하지만 정치외교적인 상황이 바뀌었습니다. 제 발표에서 선생님은 이를 놓친 것 같습니다. 그것은 2010년 5·24 조치입니다. 저의 최근 연구 내용은 2010년 대북제재 조치 이후에도 삼국을 연결하는 단둥의 네 집단의 삶과 구조는 변하지 않고 있음을 다루고 있습니다."라는 말이다.

그리고 이렇게 덧붙이고 싶다. "제 연구 내용과 제가 찍는 사진도 선택과 배제의 결과물이라는 것을 알고 있습니다. 균형 있는 시각과 연구를 유지하기 위해 제 나름대로 단둥을 다루고 있는 논문과 언론을 최대한 읽고 분석을 합니다. 이런 작업을 통해서 다음 현지조사에서 무엇을 보고 확인을 해야 되는지를 파악합니다. 그런데 막상 단둥에 가서 사람들을 만나고 이야기를 들으면 달라도 너무 다른 모습을 발견합니다. 소위 보수 언론의 보도, '대북 퍼주기 비판', '북한 붕괴론', '제재를 통한 북한 변화론' 등의 시각을 담은 연구물들은 단둥의 현실을 있는 그대로 다루지 않는 경향이 있습니다. 저는 그들에게 왜곡되고 있고 한국 사회가 주목하지 않는 단둥의 현주소를 글로 기록하고 사진을 축적할 뿐입니다. 저에게 색깔이 있다면 그것은 단둥이 가진 날개로운 색깔입니다."

나의 인류학 소망은……

박사학위 논문을 쓸 때에는 중·조 국경의 삶을 내가 직접 경험하고 관찰한 대로 있는 그대로 쓸 수 있었다. 하지만 남북 교류가 열려 있었던 그때와는 달리 2010년 5·24 조치 이후, 나는 한국사람이 관련된 단둥의 일상을 모두 글로 표현할 수 없는 상황에 놓였다.

연구 욕심 때문에 나에게 5·24 조치의 영향 하에서 사람 살아가는 이야기를 들려준 그들을 곤경에 빠지게 할 수는 없다. 이런 까닭에 내 연구노트에 적어 내려간 단둥의 이야기보따리를 이 책에 다 풀어내지 못했다고 고백한다. 그러나 삼국을 연결하는 단둥사람들의 터전을 한국 사회에 할 수 있는 최대한으로 알리고자 노력했다. 그것이 그들에게 진 배움의 빚을 갚는 길이라고 생각했다.

한편 진보와 보수를 떠나 나의 입장이 있다면, 두 달에 한 번 꼴로 단둥에 가고, 그것도 모자라서 우연찮게도 자신의 생일 때마다 만주벌판에 가는* 나를 이해해주려고 노력하는 아내가 있다. 최소한 그녀에게 부끄럽지 않은 인류학의 길을 걸어가고 있음을 보여주고 싶다. 그리고 압록강을 무서워하는 아들에게, 압록강은 무서운 강만은 아님을 증명하는 사실들을 보여줌으로써 아들에게 당당한 아빠가 되는 것이 목표이다.

마지막으로 나의 인류학 소망은 5·24 조치로 대변되는 대북제재가 한국 사회가 이해할 수 있는 이유로 해제된 후, 이 책의 내용과 사진들이 다음 책에서 못다푼 이야기를 설명 할 수 있는 근거와 단초가 되기를 희망한다. 그리고 인류학의 시각으로 써 내려간 이 글이 한국 사회에서 남북 관계와 통일을 이야기할 때 늘 떠올리는 익숙한 이야기가 되었으면 좋겠다.

이 글을 쓰는 2016년 여름에도 한국 사회는 공유와 교류의 글이 아닌 편견과 단절의 글이 넘치고 있다. 압록강은 단절의 상징인 휴전선과는 다르다. 압록강은 이쪽과 저쪽, 단둥과 신의주, 북한과 중국, 그리고 한국을 구별하지 않는다. 압록강에 기대어 사람들은 다양한 방식으로 공존하는 삶을 살아왔고 지금도 그렇게 살아가고 있다. 압록강은 새들만이 넘나들 수 있는 장벽이 처진 국경이 아니다.

압록강의 물결은 흐르고 흐르다 황해에서 대동강과 한강에서 흘러나온 물과 섞인다. 유구한 세월 동안 그런 흐름을 멈춘 적이 없다.

---

* 현지조사와 관련된 중·조 국경지역과의 인연은 2000년으로 거슬러 올라간다. 연변 지역에서 한 달 정도 탈북자 관련 연구를 경험했다. 2004년과 2005년 각각 20일 정도 중국 동북 3성의 주요 거점 도시와 국경지역 주변의 조선족 거주 지역을 찾아다니면서 박사 논문을 준비할 수 있는 지역을 모색하였다. 그 이후 나는 중·조 국경지역에서 2006년 10월부터 2007년 12월까지, 약 15개월 동안 박사 논문 작성을 위해서 현지조사를 했다. 박사 논문(2012) 제출 전에도 총 6번 다녀왔다. 박사 논문 발표 이후에도 연구와 가이드를 목적으로 단둥을 포함한 압록강과 두만강을 모두 17번 다녀왔다. 나의 최근 여권에는 중국의 두만강과 압록강을 다녀왔다는 2013년 2월(4박 5일), 7월(9박 10일), 2014년 2월(4박 5일과 3박 4일), 6월(2박 3일), 7월(5박 6일), 8월(5박 6일), 12월(4박 5일), 2015년 1월(3박 4일), 3월(3박 4일), 7월(9박 10일), 8월(4박 5일과 3박 4일), 2016년 1월(3박 4일), 3월(3박 4일 두 번), 4월(2박 3일), 8월(2박 3일)의 도장이 선명하다. 이를 정리하면, 박사 논문 현지조사를 위해서 약 15개월(2006년~2007년) 동안 단둥에서 생활한 것 이외에 2000년부터 2005년까지 총 3번과 2008년부터 2016년까지 총 24번의 중·조 국경지역의 현지조사가 이 책의 밑바탕이 되고 있다.

사람들의 삶 또한 그럴 것이다. 있는 그대로의 압록강을 보면 남북이 더불어 살아오며 일군 교류와 평화의 강줄기가 보인다. 한국 사회의 "희망적 사고"와 달리 압록강은 다르게 흐른다. 이 책은 이를 담았다.

2016년 8월

한강과 압록강을 오고가는 강주원

압록강에서 한국사람이 죄우를 비리보고 있다(2013년).

| 단둥 관련 지도 |

I. 한반도와 만주 일대

대륙과 해양이 만나는 한반도의 지정학적 위치는 역동적인 미래와 다양한 발전 가능성을 보여준다. 대륙으로는 멀리 뻗어나가 유럽과 아프리카에 닿을 수 있고, 해양으로는 일본과 동남아, 더 멀리 호주와 남극까지 다다를 수 있다.

그러나 한반도의 중축인 한국을 보면 닫혀 있고 갇혀 있다는 느낌을 지울 수 없다. 어찌 보면 한국은 섬과 같은 모습을 하고 있다. 그것도 열려 있는 섬이 아니라 고립된 섬처럼 보인다. 가장 큰 이유는 단절의 상징인 휴전선에 있을 것이다. 우리는 휴전선 안쪽에서 머무를 것이 아니라 그보다 더 먼 곳까지 바라볼 수 있는 상상력을 지펴야 한다.

중국 단둥은 평양에서 약 220km, 서울과는 약 420km 거리를 두고 있다. 국경 하천인 압록강을 사이에 두고 북한 신의주와 약 100여 년의 역사를 함께한 쌍둥이 도시의 성격이 강하다. 단둥은 북한·중국·한국의 역학 관계를 반영하는 거울이다. 국제 협력과 교류의 현장인 단둥에서 사람들은 활발한 활동을 하고 있다.

이 책은 우리에게 그 이야기를 하고 있다.

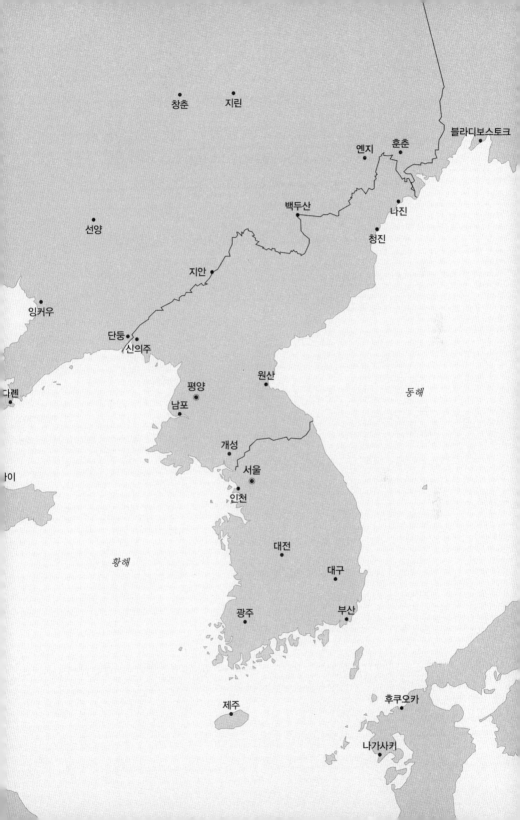

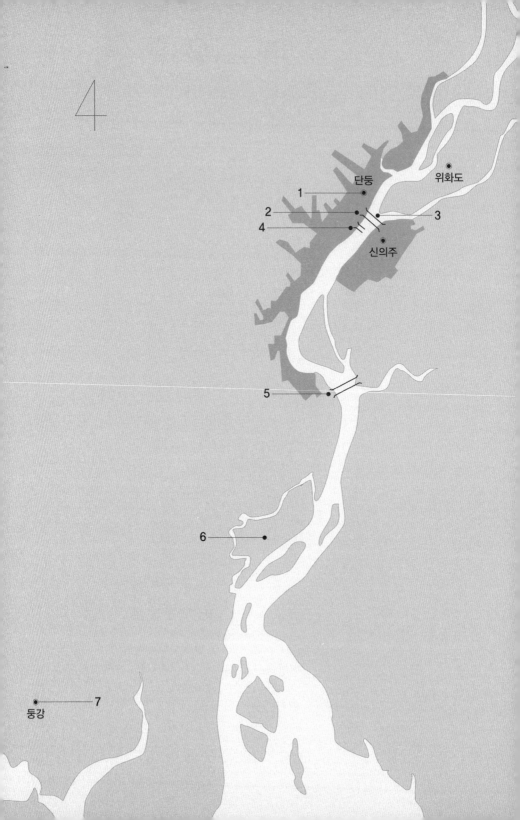

4

단둥

위화도

1

2

3

4

신의주

5

6

7

둥강

Ⅱ. 단둥과 신의주

1 조선족거리: 1992년 한·중 수교 전후부터, 북한사람, 북한화교, 조선족, 한국사람이 더불어 살아가는 터전이자 삼국 경제 교류의 장이다.

2 단둥 세관: 북·중 무역의 메카로 알려진 곳이지만 이곳은 북한, 중국, 한국 무역을 연결하는 고리 역할도 한다. 근처에 평양행 국제 열차가 출발하는 기차역이 있다.

3 중조우의교: 일제강점기 말에 완공된 다리. 일방통행 방식으로 차량이 통과한다. 이 다리를 통해 다양한 국적의 물건이 오고간다.

4 압록강단교: 1910년 전후 다리가 놓이면서 단둥과 신의주 도시의 역사가 시작되었다. 한국전쟁 당시 끊겼다. 한국 언론이 북한 관련 뉴스를 보도할 때 배경화면으로 자주 등장한다.

5 신압록강대교: 2010년 12월 착공, 2014년 완공되었지만 2016년 현재 아직 개통을 하지 않았다. 이 다리 북단부터 중국 단둥의 신시가지가 시작된다.

6 황금평: 단둥시내로부터 약 15km 거리에 있는 북한 섬. 넓이는 여의도의 약 1.7배다. 퇴적 작용으로 중국에서 걸어서 갈 수 있다. 이 때문에 북한과 중국 땅을 구분하기 위해 철조망이 세워졌다. 이 철조망은 탈북 방지용이 아니다.

7 둥강: 북한과 한국을 연결하는 물류의 핵심인 단둥항이 있는 곳. 1998년부터 단둥페리호가 단둥과 인천을 왕복한다.

일러두기

* 이 책은 《프레시안》에 연재한 "강주원의 국경 읽기"와 어린이어깨동무에 기고한 《피스
  레터》의 글들을 수정 보완하고 다수의 사진을 추가해 묶은 책이다.
* 이 책은 박사 논문(2012)과 『나는 오늘도 국경을 만들고 허문다』(글항아리, 2013)의
  연장선상에 있다. 이 책은 2010년 5·24 조치 전후, 중·조 국경지역의 변화상과 한국
  사회와 관련된 압록강과 두만강의 이야기를 담고 있다.
* 이 책에 나오는 네 집단은 북한사람, 북한화교, 조선족, 한국사람 들을 말한다. 단둥에
  살고 있는 중국사람과 네 집단 모두를 가리킬 때에는 단둥사람이란 말을 사용했다.
  이들과 삼국(북한·중국·한국)을 일컬을 때에는 약칭과 가나다순으로 나열하는 것을
  원칙으로 했다. 단 중·조 국경은 예외인데 중국 쪽의 국경지역에서 연구했다는 점을
  부각시키기 위해서다.
* 책에 수록된 사진은 2006년부터 2016년까지 현지조사 과정에서 직접 촬영한 것이다.
* 책명은 겹낫표(『 』)로, 장·절, 또는 논문은 홑낫표(「 」)로, 신문, 영화, 잡지 등은 쌍꺾
  쇠(《 》)로, 그 하위 항목은 홑꺾쇠(〈 〉)로 묶어 표기했다. 또 강조는 큰따옴표(" ")를
  사용하여 표기했다.
* 외국어 및 외래어 표기는 대부분 국립국어원에서 정한 외래어표기법을 따랐다.

압록강에서
북한만 바라보지
말자!

통일 관련 답사의 단골 코스, 압록강

1992년 한·중 수교 전후부터 압록강과 두만강 일대는 임진각 통일
전망대, 판문점, DMZ에 이어 한국의 다양한 단체와 모임이 기획한
"통일" 관련 답사의 단골 코스가 되었다. 답사 일정을 대체로 살펴
보면, 단둥(단동)—지안(집안)—백두산—옌지(연길)—투먼(도문)—팡
촨(방천) 코스가 주를 이룬다.

하지만 이런 여정을 접할 때마다 안타깝게 생각하는 점이 있다.
이를테면 두만강을 빼고 압록강만을 답사한다고 해도 편도 1,000킬
로미터가 넘는 거리를 3박 4일 또는 4박 5일의 짧은 일정으로 소화

1 한국 사회에 소개되는 신의주 풍경. 이를 두고 시간이 멈춰버린 신의주라고 표현을 하고 북한을 폐쇄된 국가라고 인식한다. 이런 장면들을 통해서 압록강을 사이에 두고 교류가 있음을 상상하기는 실질적으로 힘들다. 하지만 한국사람도 개입된 교류와 만남은 1990년대 전후부터 현재진행형으로 실천되고 있다(2007년).

해내야 한다. 그렇다면 한 지역에서 반나절 이상 머물기 쉽지 않다.

단둥 답사도 마찬가지다. 단둥 일정은 신의주를 가까이에서 볼 수 있는 "압록강단교 방문"과 "압록강에서 유람선 타기", 그리고 북한 섬인 "황금평을 버스로 바라보기"가 전부인 경우가 대부분이다. 답사 지역이 중국임에도 불구하고 사람들의 시선은 강 건너 북한에 고정되어 있다. 그렇다보니 그들의 여행후기는 "휴전선 너머 북한을 바라보기"와 별반 차이가 나지 않는다.

광복과 분단 70년, 압록강에서 반복되는 북한만 바라보기

단둥에 갈 때마다 나는 압록강단교, 유람선, 황금평 근처에 이르면 한국에서 온 여러 단체, 연구원, 언론인들이 북한을 바라보면서 "단절과 분단"을 이야기하고 "미래의 통일과 교류"를 고민하는 모습을 보았다. 특히 2015년 광복과 분단 70년을 기념하기 위해 "평화통일 기행"을 다녀온 모습과 내용을 뉴스와 인터넷 블로그 등을 통해서 자주 접하였다.

그 가운데 지난 20여 년 동안 보인 단둥 답사 코스의 전형적인 모습과 한국사람들의 일반적인 시선이 압축되어 있는 글이 눈에 들어왔다. 《중앙일보》가 주최한 "평화 오디세이: 평화를 향한 성찰과 소통의 오디세이… 한국 대표지성 31인의 5박 6일 동행"이 바로 그 것이었다.

이를 보도한 2015년 7월 6일자 《중앙일보》 기사는 단둥과 신의주의

2 한국 사회는 판문점과 중·조 국경을 동일한 시선으로 바라본다. 이로 인해 한국 사회가 놓치는 것은 무엇일까? (2014년).
3 단둥의 압록강변 평지에선 북한의 신의주 전경이 잘 보이질 않는다(2015년).

대조되는 야경 사진을 보여주면서 시작한다.

국경은 철조망이다. 장벽이요 단절이다. 접경지역은 동면, 죽음의 땅이 된다.

황금평을 바라보고는 이렇게 썼다.

북·중 경제 협력의 상징인 경제특구로 지정된 지 5년째다. 하지만 변변한 건물 하나 없다. 짓다 만 청사 건물 주위로 농민들이 논밭을 부치고 있을 뿐이다.

유람선에서의 소회는 이렇다.

중국의 개방과 북한의 폐쇄가 상황을 역전시켰다. 지금 단둥은 경제적으로 신의주를 지배하고 있다. 단둥에선 강변을 따라 고층 건물이 높이 경쟁을 하는 반면 신의주의 주택은 낡고 공장은 멈춰 있다. 유람선에서 볼 수 있는 지역은 신의주에서도 부촌이다.

《중앙일보》는 이렇게 결론을 내리고 단둥을 떠나 지안으로 향한다.

단절의 접경이 아닌 교류의 접경을 찾아서 온 단둥에서도 답을 찾는 데 한계가 있었다.

코끼리 뒷다리만 만지고 코끼리를 그릴 수는 없다

《중앙일보》기사에서 보이는 숱한 오류와 편견은 앞으로 설명할 것이다. 예를 들어, 그들의 시각에는 압록강의 국경을 단절의 국경선으로 보는 무지가 곳곳에 엿보인다. 그들의 견해에는 황금평 너머 단둥의 신시가지에서 5년 넘게 북·중 경제협력이 실천되고 있다는 내용 등이 빠져 있다. 그런데 숱한 오류 속에서도 맞는 말이 하나쯤은 있었다. 단둥에 가서 압록강 너머 신의주만 보면 평화와 교류의 답을 찾는 데 한계가 있다는 말이다.

소설가 김훈은 《중앙일보》 2015년 7월 6일자 신문에 유람선 위에서 신의주를 망원경으로 보고는 자신의 생각과 느낌을 늘어놓았다. 그런데 한번 생각을 해보자. 아무리 망원경으로 본다 하더라도 평지에서 나름 북한의 제2의 도시라 일컬어지는 강 건너 신의주를 본다는 것은 무슨 의미가 있을까?

망원경으로는 높은 곳에서 낮은 곳을 바라볼 때에 더 잘 보이지 않을까? 더군다나 신의주의 압록강변에는 주로 군부대나 항만시설이 들어서 있고, 최근 몇 년 사이에 부쩍 자란 나무들이 늘어서 있다. 그렇기 때문에 압록강단교와 유람선 위에서는 낡은 어선과 건물 들이 주를 이룬 신의주만이 보일 뿐 신의주의 깊숙한 곳까지 보기는 어렵다. 이러고서 신의주와 북한을 이야기한다는 것은 무리가 아닐까?

"생활의 느낌이 나지 않는다."고 언급한 소설가 김훈에게 단둥의 20층 전후 높이의 호텔과 아파트 옥상에서 망원경이 아닌 맨눈으로도 확인되는 신의주의 또 다른 모습을 보여주고 싶다. 최근 2~3년 사이에 신의주에서는 약 15층 높이 이상으로 보이는 10여 동의 아파트단지가 건설되고 있다. 이런 장면은 압록강단교와 유람선에서는 보이지 않는다.

중·조 국경은 휴전선이 아니다

단둥에 오면 사람들은 압록강에서 북한을 바라보며 휴전선의 이미지만을 떠올린다. 그리고 남과 북 사이에 놓여 있는 휴전선과 압록강 위의 중·조 국경은 성격과 특징이 다를 수 있다는 생각은 하지 못한다. 중·조 국경은 휴전선이 아니다. 그러나 압록강에 간 한국의 여행객과 답사객들은 단절과 분단의 휴전선 이미지만으로 압록강과 중·조 국경지역을 이야기한다.

　서울대학교 송호근 교수가 그 전형적인 예다. 그는 압록강단교를 걸으면서 휴전선의 이미지로 압록강을 바라본다.

　지금은 막힌 강, 헐벗은 강, 초라한 능선만 드러낸 불임不姙의 강이 되었다. 분단 70년 동안 그랬고, 광복 70주년을 맞는 오늘도 그러하다. 간도 이편에서 바라본 저 강은 오랫동안 건널 수 없는 강, 국경이었다. _《중앙일보》 2015년 7월 13일자

4 20층 높이의 단둥 호텔 옥상에서 바라본 신의주. 신의주 전경과 최근의 변화상이 눈에 들어온
   다. 아파트 단지를 짓는 모습이 보인다(2015년).
5 2015년과는 확연히 다른 2007년 신의주 모습. 이와 같은 변화는 중·조 국경을 단절과 분단의
   시각으로는 설명할 수 없다(2007년).

일단 사실관계부터 틀렸다. 그가 말한 "오랫동안" 압록강이 한국사람이 건널 수 없는 강이 된 것은 아니다. 비록 한때이지만 한국사람도 건널 수 있는 강이었다가 중단되었다는 말이 사실이다. 그것도 대북제재의 일환으로 남북 간 교역과 교류를 중단한 2010년 이른바 5·24 조치 이후이다. 또한 그가 압록강을 바라본 2015년 지금도 한국에서 출발한 한국 물건은 압록강을 건너 이틀이면 북한 평양에 도착한다. 신의주는 하루면 충분하다. 반대도 마찬가지다. 최소한 압록강은 그가 말한 "막힌 강"과 "불임의 강"은 아니다.

소설가 김훈도 마찬가지다. 그는 《중앙일보》 2015년 7월 9일자에 "월경 이탈자를 막기 위해 철조망이 처져 있고" 혹은 "이 강가에서 지금 중국 공안들이 월경한 북한사람들을 잡으려고 풀숲을 뒤지고 있다."고 쓰고 있지만, 중·조 국경지역의 철조망은 휴전선처럼 끝없이 이어진 것이 아니라는 점을 알고 있다면 이러한 발언은 틀리거나 부분적인 사실뿐임을 알 수 있다.

중·조 국경에서 철조망 사이마다 열려 있는 공간은 수없이 많다. 그곳을 이용해 중국사람은 철조망 너머에서 농사도 짓고 빨래도 하고 북한사람과 삶을 공유한다. 또한 중국 국경지역에는 탈북자만 있는 것이 아니다. 단둥에는 합법적으로 거주하는 북한사람이 2만여 명 넘게 존재한다. 두만강 지역의 중국 국경 도시에도 탈북자가 아닌 북한사람이 증가하고 있다. 편견에 차서 전체를 보지 못하고 일부분만 보고 돌아온 뒤, "분단은 일상의 질서와 정서로 고착된 것이 아닌가 하는 위기감을 안고 돌아왔다."(《중앙일보》 2015년 7월 6일

6 평양으로 귀국할 때 북한사람들은 조선족 식당뿐만 아니라 정통 한국요리를 표방하는 식당들의 도시락을 애용하곤 한다. 단둥에서는 북한사람과 한국사람이 같은 식당과 술집을 이용한다 (2015년).

자)는 김훈의 글에 안타까움이 남는 이유다.

두만강변과 압록강변 즉 중·조 국경지역은 우리에게 더 많은 이야기를 들려주는 곳이다. 단둥시내를 걷다보면, 눈으로 보고 경험을 하면서 북한의 변화와 교류의 실상을 이야기할 수 있는 장소와 공간이 곳곳에 있다. 또 남북 교류의 한 축을 담당하고 있는 북한 사람을 쉽게 목격할 수 있고 앞서거니 뒤서거니 같은 길을 걸어 갈 수도 있다.

그곳에는 북한사람, 북한화교, 조선족과 더불어 20년 넘게 압록강과 국경에 기대어 살고 있는 한국사람도 있다. 하지만 송호근과 김훈, 그리고 답사 일행은 압록강 건너편에서 신의주의 극히 일부분 이미지만을 보고 북한 사회를 진단한다. 그리고 중국 국경지역에서 벌어지는 삶의 현장을 들여다보지 않고서 그들이 보고자 한 것만 본 다음에 휴전선의 시각으로 단절과 분단을 이야기하고 있다.

단둥에서의 남북 교류는 20년 넘게 현재진행형

2004년 여름, 중국의 최대 국경도시 단둥에서 마주친 현장 내용은 인류학 박사 논문을 준비하기 위해서 연구지역을 찾던 나에게 신선한 충격으로 다가왔다. 당시 나는 한국의 기사와 논문 들만을 읽고 중국의 동북 3성에는 탈북자만이 존재한다고 믿고 있었다.

그런 나에게 며칠 머문 민박집의 조선족 사장님은 자신이 고용한 파출부 아줌마이 사연을 이야기해주었다.

　　　　　　　　　　　　　　　압록강에서 북한만 바라보지 말자

손님에게 삼시세끼를 해주는 저 사람의 고향이 어디인지 아세요? 말투가 다르죠! 그녀는 통행증을 이용해 압록강을 건너온, 그러니까 국경을 넘어왔고 고향은 신의주입니다. 저희 집에서 3개월째 일하고 있는데, 다음 달에 모은 돈을 가지고 이런저런 물건을 구입해서 다시 신의주에 갈 예정입니다. 남쪽에서 알고 있는 탈북자와는 다른 사람이죠.

순간 레드콤플렉스에 두려운 눈빛을 한 나를 보고 그는 연이어 아들이 다니는 학교 이야기를 해주었다.

중국 학교에 가보세요. 같은 반에 조선(북한), 한국, 조선(북한) 화교, 조선족 아이들이 중국 학생들과 함께 공부하고 있는 모습을 볼 수 있습니다. 참 다문화가정의 아이들도 있죠! 이렇게 어울려 살기 시작한 것이 1992년 한·중 수교 전후부터입니다. 그런데 북한 아이들이 공부를 잘하고 단둥에서는 한국사람보다 북한사람이 더 부자가 많습니다.

제가 조선(북한)을 좋게만 이야기하는 것이 아닙니다. 소위 조선(북한)의 엘리트 무역일꾼들이고 그들의 자녀이니까 당연하죠. 앞으로 이곳을 공부한다고 하니까, 제가 한마디 하죠! 편견 없이 바라보세요! 단둥은 그런 곳입니다.

2년 동안 그의 이야기가 뇌리를 떠나지 않았고 2006년 가을, 나는 본격적으로 인류학의 참여관찰*을 하기 위해 단둥에 일 년 넘게 살 삶의 터전을 잡았다. 그 이유 가운데 하나는 위의 두 사례가 가능한 이유와 의미를 알고 싶은 욕심 때문이었다. 이런 초심을 가진 지도 세월이 흘러 어느덧 10여 년 전의 일이 되었지만, 여전히 나는 단둥에서 남북 교류의 이야기보따리를 수도 없이 듣고 있다.

이와는 달리 단둥을 바라보는 한국 사회의 시각은 그동안 크게 달라지지 않았다. 2010년 5·24 조치 이후, 한국 사회는 남북 관계가 개성공단을 제외하고 대부분 단절되었다고 말한다. 남북의 일상적인 만남은 미래의 일로 치부하는 이야기들이 넘친다.**

다시 찾은 2015년 3월의 단둥은 1992년, 2004년, 2010년과 비교해보아도 남북의 만남의 현장과 사례 들은 여전했다. 국경지역에서 살아가고 있는 한국사람들의 술자리에서는 대북 사업파트너로 자주 만나는 북한 주재원 아들의 단둥 생활, 그러니까 그의 빠른 중국어 실력 향상을 놓고 덕담이 오갔다.

이른 아침, 단둥역 광장에는 여전히 평양행 국제기차를 기다리는 수많은 북한사람을 볼 수 있었다. 그곳에서 북한사람을 만난 조선

---

* 참여관찰은 문화 이해의 한 방법으로 말 그대로 연구지역의 상황에 직접 참여하면서 관찰하는 것이다. 특정한 문화에서 장기간 생활하면서 자료를 수집하는 것을 뜻한다.

** 2016년 북한의 4차 핵실험과 개성공단 폐쇄 이후, 남북의 일상적인 만남을 미래로 가정하는 시각은 더 당연시 되고 있다. 개성공단이 폐쇄된 상황에서 남북 만남의 공간이 없다고 단정을 하고 통일 미래를 논한다.

족은 한국에서 하루 전에 구입한 의약품과 단둥의 한국 식당에서 주문한 도시락을 건네주고 있었다. 평양행 국제기차에 탑승하는 누군가를 배웅하러 나온 한국사람 A를 우연히 만났다. 우리는 기차역을 빠져나와 대북사업 15년의 역사가 고스란히 묻어나는 그의 사무실로 향했다.

소파에 앉자마자 그는 가슴속에 간직했던 답답함을 털어놓았다.

단둥만큼 한국의 매스컴에 많이 나오는 외국 도시도 없다. 또 단둥만큼 왜곡되는 도시도 없다. 왜 한국 사회는 단둥에서 남북 만남이 20년이 넘게 진행되고 있는 사실을 주목하지 않을까!

사람들의 일상적인 만남이 매일 이루어지고 그 속에서 통일이 미래가 아니고 현재임을 보여주는 것이 단둥인데! 왜 단둥에 와서 북한만 바라보고 단절만 이야기 하는지 모르겠다. 단둥에는 북한사람도 있고 한국사람도 있다.

그의 말에는 그동안 "한국 사회가 단둥을 어떻게 바라보았고 단둥에서 어떤 말과 행동을 했는지"에 대한 성찰의 내용이 담겨져 있다. 그래서 나는 감히 "압록강(단둥)에서 북한(신의주)만 바라보지 말자!"고 제안을 한다. 이는 좁게는 단둥과 신의주의 관계를 있는 그대로 바라볼 수 있는 작은 출발점이 될 것이다.

나는 지난 10여 년 동안 압록강에서 강 건너편이 아닌 강 이편을 함께 보면서 압록강변의 사람들이 살아가는 모습에 담긴 이야기를 모았고 그 의미를 고민했다. 그들의 삶에는 남북 관계와 북·중 관계 그리고 삼국이 연결된 다양한 현장과 이야기가 녹아 있다.

오늘 부친
한국 물건,
모레 평양에서 받는다

선양과 옌지 공항에 가면 인천과 평양 발發 비행기를 볼 수 있다

2014년과 2015년 여름, 두만강 지역의 국경도시들에서 살아가는 사람들의 모습은 단둥과 크게 다르지 않았다. 중국 쪽 두만강변을 걷다보면 강 건너 북한 땅으로 결코 넘어가지 않았음에도 불구하고 핸드폰 해외 로밍이 해제되었다가 다시 연결되기를 반복했다. 통신상에선 아마 국경을 넘었다고 판단한 모양이다.

두만강이 지척에 있는 한 공업단지의 건물 창 너머로는 북한 노동자들의 봉제 작업을 볼 수 있었고, 바로 옆 다른 공장에서는 중국 노동자들이 한국의 가전제품인 휴롬 원액기를 생산하는 모습을 볼 수 있었다. 거리를 걷다보면 상점들 간판에 적힌 "조선, 로씨야, 한국 상품 도매 환영합니다."라는 문구가 눈에 들어왔다. 단둥과 마찬가지로 한 지역에 삼국(북한, 중국, 한국)이 중첩되고 공존하고 있음을 보여주는 단적인 예라고 할 수 있다.

　이처럼 두만강의 국경도시들에서도 역시, 북·중 혹은 북·중·러의 경제교류만으로 설명하기에는 부족한 점이 있다. 그들만의 리그가 아니기 때문이었다. 한국 또한 포함되어 있었다. 2014년 옌지에서 찍은 사진을 보면 평양과 옌지 사이에는 직항 노선이 있음을 알 수 있고, 2015년 선양 공항에서 찍은 사진에는 평양과 인천에서 각각 출발한 비행기 두 편의 도착 시간을 알려주는 장면이 담겨 있다. 나는 이런 상상을 해보고 질문을 던져봤다.

　　두 편의 비행기에는 중국사람 뿐만 아니라 북한사람과 한국사람도 타고 있을 것이다. 물론 평양발 비행기에는 재미동포는 있을 수 있어도 한국사람은 공식적으로는 없을 것이다. 그렇지만 옌지와 선양과 같은 다양한 공간에서 그들 사이의 만남과 교류가 직간접적으로 과연 없을까? 그들의 가방에는 어떤 물건들이 있을까? 입출국을 할 때엔 어떤 제품을 채울까? 그 가방에 든 내용물은 선명하게 국경과 국적이 구분될까?

이런 질문 속에는 활발한 삼국 교류의 모습을 모른 채 단절과 대립의 시각으로 남북 관계를 본다면 빈 자리가 너무나 많아진다는 내

　　　　　　　　　오늘 부친 한국 물건, 모레 평양에서 받는다

航班号 Flight No.	始发站 From	计划时间 STA	变更时间 ETA	备注 Flight Status
✈JS155	平壤 Pyong Yang	12:10		延误 Delayed
●3U8580	温哥华 Vancouver	12:40	12:53	到达 Arrived
⟨ 川 Seoul/Incheon	13:25	13:33	到达 Arrived
⟨ 大阪 Osaka	14:40	15:09	ing
●LH784	法兰克福 Frankfurt	15:15	14:53	ing
⟨ 川 Seoul/Incheon	15:25		
⟨ 东京成田 Tokyo	15:30	15:48	ing
✈CZ352	新加坡 Singapore	17:00	16:41	ing
●AE975	桃园 Taipei	17:45		
⟨ 川 Seoul/Incheon	21:10		

1 한국 쇼핑몰에서 판매되는 제품을 생산하는 두만강변의 중국 공장. 바로 옆 다른 중국 공장에는 북한 해외노동자들이 중국 의류를 생산하고 있다(2015년).
2 선양 공항은 평양과 인천 발 비행기가 동시에 내리는 곳이다(2015년).

고민이 담겨 있다. 나는 남북 교류가 단지 내 머릿속의 상상이나 먼 미래의 일이 아니고 두만강 국경지역에서 벌어지는 엄연한 현실임을 주변 동학들을 통해 대략적으로나마 알고 있다. 그리고 두만강에서 내 10년 연구지역인 단둥으로 넘어오면 이에 대해 구체적인 답을 내놓을 수 있다.

북한과 한국의 물리적 거리가 2시간 단축되었다

단둥과 선양을 연결하는 고속철도가 2015년 8월말 개통되었다. 이를 놓고 한국 언론은 "북·중 관계" 예측 혹은 북·중 무역과 관련된 "단둥의 경제 분위기"를 보도하고 있다.

> 이달 초 개통한 중국 랴오닝遼寧성 단둥丹東 선양瀋陽 간 고속철도가 기존 열차로 3시간30분 소요되던 두 도시를 1시간 생활권으로 단축시켜 생활상의 변화를 가져왔다. _《연합뉴스》 2015년 9월 16일자

대부분의 기사에서 빠지지 않는 내용이 하나 더 있다.

> 북한 신의주와 압록강을 사이에 두고 국경을 맞댄 단둥은 철도·도로 등 육로를 이용해 북한으로 반출입하는 화물량이 북·중 무역총량의 80%에 달합니다. _《KBS news》 2015년 9월 2일자

그 이외의 다른 진단과 해석은 찾기가 힘들다. 하지만 중국의 고속철도 개통은 북·중 무역에만 영향을 미치지 않을 것이다. 지도와 교통망을 확대해서 보자. 단둥-선양 고속철도는 베이징뿐만 아니라 한국의 인천공항과 연결되어 있다. 그렇기 때문에 단둥의 국경무역 관계자들은 다른 곳으로도 눈을 돌리고 있다. 바로 한국이 포함된 삼국 무역이다. 그렇다면 고속철도 개통 이전 단둥은 한국과 어떻게 연결되어 있었을까?

중조우의교가 북한과 중국의 국경만을 연결하고 양 국가만의 관계가 이루어지는 곳이 아님을 알려면, 이 다리가 어디와 이어져 있는지를 보면 된다. 이 다리는 북한 쪽으로는 신의주와 평양, 중국 쪽으로는 다롄(324킬로미터), 선양(240킬로미터)이 고속도로로 이어져 있다. 그리고 다롄(1시간 거리)과 선양(1시간40분 거리)은 인천공항과 연결되어 있다. [...] 또 이 다리는 단둥 시에 속한 중국의 국제 항구인 단둥항까지 차로 40분이면 충분하다(약 40킬로미터). [...] 이 항구와 인천항은 오후 다섯 시에 배를 타면, 중국과 한국에서 각각 아침을 맞이할 수 있는 노선(245해리)이 있다. 1998년부터 매주 두세 번씩 왕복하면서 최대 인원 600명과 화물 110톤을 실어나르던 단둥페리는 2011년 약 800명이 넘는 사람이 탈 수 있는 배로 바뀌었다(매주 3회 출항, 월·수·금 한국 출항, 화·목·일 중국 출항 코스다). _「나는 오늘도 국경을 만들고 허문다」 중에서 교통망뿐만 아니라 삼국 무역에 종사하는 단둥사람들을 살펴보자. 단둥에는 약 2만여 명의 북한 해외노동자를 제외하고도, 한국어를 공유하고 서로 연결된 경제활동을 하는 네 집단(북한사람, 북한화교, 조선족, 한국사람)이 약 만여 명 규모로 체류하고 있다. 이 네 집단 사람들이 삼국 무역에 종사하며 삼국을 연결하는 삶을 살고 있다.

한국이 포함된 삼국 무역을 17년 넘게 하고 있는 조선족 L은 단둥—선양 고속철도 개통의 의미를 한마디로 "북한과 한국의 물리적 거리가 2시간 단축되었다."라고 표현한다. 이 말은 단둥의 국경 무역 종사자들이 20년 넘게 실천하고 있는 삼국 무역의 경험에서 우러나온 말이다.

이 말이 한국 사회에 주는 의미는 과연 무엇일까? "단둥의 국경 무역을 삼국 무역이 아닌 북·중 무역"으로만 해석하고, 북한을 "세계에서 가장 폐쇄적인 나라"로 단정하는 편견과 고집에서 벗어나야 한다는 것 아닐까? 이는 북한이 한국과 외부 세계에 어떻게 연결되어 있는지 다시금 관심을 가져야 한다는 점을 일깨우고 있다.

한국에서 출발한 물건이 이틀 뒤면 평양에 도착한다

2015년 8월 중순, 알고 지낸 지 10년이 넘은 단둥의 조선족 A를 서울의 한 호텔에서 만났다. 그는 한국과 관련된 무역 일을 하다가 접고 대북사업을 본격적으로 한 지 이제 약 3년이 넘었다. 그는 어떻게 보면, 평균 15년 이상의 경험을 가진 단둥의 대북사업 종사자 사

3 2006년 단둥의 한 택배회사에는 서울―평양―중국의 택배 범위가 선명하게 표현되어 있다. 휴
전선을 넘나드는 것이 단지 영화 《풍산개》 속의 상상만이 아님을 알 수 있다(2006년).

운데는 신출내기라고 볼 수 있다.

그는 미국과 유럽에서 의류 주문을 받아 평양에서 생산하고 있다. 그는 때때로 북한사람과 사업할 때에 필요한 물건들이 생기면 한국에 있는 지인들에게 국제전화로 주문한다. 그가 오전에 부탁을 하면 오후에 인천항에서 출발하는 단둥페리에 물건이 실리고, 그 다음날 오전 10시에 단둥항에 물건이 도착한다. 물건의 최종 도착지는 평양이다. 급한 물건은 인천-선양 비행기 택배를 이용한다.

나는 그의 여권 한 면에 "대한민국"과 "조선" 출입국 도장이 함께 찍혀 있는 페이지를 사진으로 남겼다. 대북사업이 어떻게 돌아가는지 이야기를 듣던 나는 그가 핸드폰으로 단둥의 북한사람과 대화를 나누는 장면을 접할 수 있었다. 전화 내용은 단둥에서 한국 홈쇼핑 티비광고를 보던 북한사람이 한국 물건의 구입을 부탁하는 것이었다. 국제통화를 하면서 동시에 호텔 티비로 제품을 확인한 조선족 A는 다음날 출국인 관계로 대형마트에 가서 제품을 구입하였다. 그는 나에게 웃으면서 말했다.

강 박사도 알다시피, 내일 오전 인천에서 선양행 비행기를 타고 가서 내린 뒤, 단둥행 리무진 버스를 타면 3시간 정도 걸리니까, 늦은 점심때쯤이면 북한사람에게 전달할 수 있을 것 같네. 그 사람이 모레 오전에 단둥역에서 평양행 국제열차를 타니까 아마도 그날 오후 늦게 평양사람이 이 물건을 받겠구나! 보름 뒤에 고속열차가 개통을 하면, 더 빨리지겠네!

오늘 부친 한국 물건, 모레 평양에서 받는다

4 2006년 평양에서 제작되고 단둥을 거쳐 한국에 이틀 만에 도착한 수예작품. 5·24 조치 이후에
도 비공식적으로 북한과 한국 물건은 여전히 오고가고 있다(2006년).

그의 마지막 말 한마디는 나를 무기력하게 만들었다.

나는 중국사람이다. 때문에 5·24 조치 이후에도 한국사람을 통해서, 아니면 내가 직접 한국 물건을 사서 북한 평양으로 여전히 보내고 있다. 한국사람은 한국 법에 위반된다고 하지만 중간에 조선족이 있으면 일없다(문제없다). 내 주변의 한국사람, 북한 화교가 나처럼 살고 있는 것은 너도 알잖아!

"한반도 신경제지도"의 완성은 서울(인천) – 단둥 – 평양(신의주)

그가 단둥으로 돌아간 며칠 후, 2015년 8월 16일 당시 새정치민주연합 대표 문재인은 "한반도 신경제지도"를 뒷배경으로 한 채 중요한 발표를 했다. 《오마이뉴스》 2015년 8월 16일자에 보도에 따르면, 그 내용의 골자는 "우리의 경제활동 영역을 북한과 대륙으로 확장해 한반도의 새로운 경제 지도를 그려야한다."와 "'5·24 조치' 해제 요구"로 이루어져 있다. 구체적으로 "환동해권과 환황해권의 양 날개 발전전략"이 "한반도 신경제지도'에 표현되어 있다.

이 지도에는 이제 막 발걸음을 떼기 시작한 "나진선봉 – 블라디보스톡 – 부산"을 연결하는 선이 보인다. 그런데 이 연결선을 중히 여긴다면, 단둥 또한 당연히 함께 있어야 한다. "신경제지도"에는 서울(인천) – 단둥 – 평양(신의주)을 연결하는 선이 없다.

이는 약 20년 넘게 축적돼 남북 교류 그리고 북·중 무역이자 산

5 단둥 소식지의 북한 관련 광고 내용. 구매대행, 쇼핑센터, 상품 소개로 채워져 있다(2015년).
6 단둥역. 한국 물건은 단둥역에서 북한사람, 북한화교, 조선족의 가방에 실려 평양행 기차를 탄다 (2015년).

국 무역의 메카인 단둥의 역사와 현재를 간과한 것이다. 그가 "신新"
에 주목을 했다면 할 말이 없지만, 현실을 외면하고 미래의 물류에
만 주목한 모양새이다.

> 단둥은 1992년 한·중 수교 전후부터 남북의 "경제 통일"의 씨
> 앗이 발현된 곳이다. 1998년부터 인천~단둥의 바닷길이 열
> 리면서 남북을 연결하는 또 하나의 경제 통로가 만들어졌고
> 2000년대 남북 교류의 주무대 역할을 하였던 곳이다. 2010년
> "5·24 조치" 이후에도 공식적인 통계와 교류는 당연히 없지만,
> 비공식적이고 간접적인 남북 경제교류는 유지되고 있는 곳이
> 단둥이다. _「나는 오늘도 국경을 만들고 허문다」 중에서

앞으로 5·24 조치가 해제되더라도 휴전선을 넘어 남북을 이어주는
땅과 바다, 그리고 하늘길이 본격적으로 열리기까지에는 상당한 시
간과 투자가 필요할 것이다. 그전에 현실적으로 남북 교류의 핵심
현장의 역할을 할 곳은 단둥이다. 5·24 조치가 해제되는 순간부터
바로 공식적인 남북 교류와 경제 통일이 실천될 수 있는 곳이 단둥
이다. 2015년 네 집단의 삶과 북한과 한국을 연결하는 단둥의 다양
한 길과 물류 그리고 교통수단들이 이를 말하고 있다.

"한반도 신경제지도"를 고민하는 사이에, 단둥―선양의 고속철도
가 개통되었고 9월 말부터 인천―단둥 노선이 시범운항을 시작했
다. 서울에서 저녁을 먹고 밤늦게 단둥에 비행기로 도착을 하면, 네

집단 사람들이 대북사업 이야기로 밤을 지새우는 술자리에 동참할 수 있는 가능성이 열렸다.

단둥사람들은 이 공항의 인천—단둥 노선을 이용하면 산술적으로 서울에서 평양까지 24시간 이내에 물건이 도착한다는 것을 알고 있고 활용을 하고 있다. 이처럼 남북의 정치외교가 투영되는 휴전선의 넘나들기와 상관없이 단둥을 매개로 하는 남북의 물리적 거리는 점점 단축되고 있다.

단둥,
또 하나의
개성 공단

조정래의 『정글만리』에 표현된 단둥과 개성공단

2010년 5·24 조치 이후 출판된 조정래의 『정글만리』(해냄, 2013)
3권 296쪽에서 297쪽 사이에 나오는 한 대목이다.

> 저 만주 쪽에서 우리 회사 일을 맡고 있는 조선족이 한 명 있는
> 데, 최근에 연락이 왔어요. 압록강변 단둥시 인근의 여러 공장
> 에 북한여성들이 와서 일하고 있다는 거예요. 임금도 싸고 같은
> 동포이고 하니 우리 일을 맡기는 게 어떻겠냐고요.

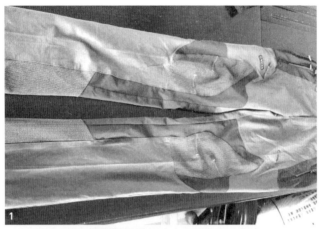

1 단둥의 북한 해외노동자들이 만든 의류는 합법적인 중국 제품이기 때문에 한국을 포함한 세계 어디로든지 수출이 가능하다. 이 사진의 제품은 일본으로 수출되었다(2013년).

2 북한 해외노동자들을 채용할 목적으로 리모델링 중인 중국 공장 내부. 한 층은 작업실로 다른 한 층은 기숙사로 설계되었다(2014년).

사업가로서 구미는 당기지만, 남북의 정치적 상황을 고려한 소설의 주인공은 반대를 한다.

안 하시는 게 좋을 것 같습니다. 왜냐하면 지금 북한과의 관계가 거의 파탄상태에 빠져 있습니다. 금강산 관광도 중단되고, 민간 차원의 지원도 전혀 허락하지 않고 있습니다. 겨우 명맥을 유지하고 있는 게 개성공단뿐입니다. 이런 불안한 상황에서 괜히 북쪽 여성들에게 일거리 맡겼다간 크게 덤터기 쓸 수 있습니다. 정치적으로 트집 잡으려 들면 얼마든지 문제가 될 수 있으니까요. 기업인은 기업만 해야 합니다.

2013년에 출간된 조정래의 소설임에도, 2010년 전후부터 단둥의 중국 공장에서 일하고 있는 "북한 해외노동자"의 상황이 묘사되어 있다. 현실을 정확히 반영한 소설의 한 대목이다. 그러나 단둥의 북한 노동력을 활용하는 것을 반대하는 주인공의 의견은 나의 참여관찰 내용과는 사뭇 다르다.

모두가 남북의 막힌 현실 앞에서 두 손을 놓고만 있던 것은 아니었다. 합법적으로 단둥에서 북한 해외노동자를 활용할 수 있는 방법들이 있는지 고민하고 추진한 한국 기업가들이 있다. 그 결과 5·24 조치 이후에도 단둥은 남북 모두에게 "또 하나의 개성공단"의 역할을 하고 있다.

북한과 한국이 함께 살아가는 그림, 단둥의 중국 공장

2006년에서 2007년까지 단둥에서 참여관찰을 할 당시, 주 연구대상인 북한사람의 범주는 이른바 "무역일꾼", 북한식당에 근무하는 "북한 여성복무원", 도강증을 통해서 국경을 넘나드는 신의주 출신의 "단기 체류자" 등이었다. 그런데 이들에 더해서 2010년 전후부터 단둥에 갈 때마다 관심을 갖게 된 대상은 중국 공장에서 일하는 "북한 해외노동자"이다. 2015년 그들의 규모는 약 2만여 명에 이르고 있다.

한국 사회에 속해 있는 나로서는 2010년부터는 북한사람을 만나면 안 된다. 5·24 조치를 위반하는 모양새가 되기 때문이다. 5·24 조치 이후, 북한 해외노동자와 관련된 참여관찰 내용과 찍은 사진들이 있다고 해도 이 글에서뿐만 아니라 어디에서든 있는 그대로 전부를 표현할 수 없다. 그렇지만 우회적인 방법으로 그들이 살아가는 방식을 기록하여 남길 수 있다. 다른 방식으로 상황을 전달할 수 있는 사례는 많다. 단둥에서 남북이 살아가는 방식이 다양한 것처럼 말이다.

단둥의 중국 공장을 사용하는 한국 사업가들의 경제행위에는 북한 해외노동자가 드러나지 않는다. 때문에 『정글만리』소설의 사업가 주인공의 판단과는 달리, 한국 사업가들은 단둥 현장에서 현실적인 다른 선택들을 하고 있다.

2014년 겨울, 나는 북한 해외노동자를 통해서 의류생산을 모색하는 재미동포 사업가와 동행을 했다. 선양에 마중 나온 지인은 자신의 공장에 5년째 북한 해외노동자를 고용하고 있는 조선족 B였다.

아래 내용은 단둥으로 향하는 차 안에서 그가 풀어 놓는 이야기다. 『정글만리』주인공의 의견과 비교해보자.

며칠 전에도 한국에서 사업가들이 제 공장에 왔다 갔습니다. 제 공장에는 50명의 조선(북한)기능공들이 있기 때문에, 다른 공장, 그러니까 300명 이상을 고용하고 있는 몇 개 공장을 더 소개해주었습니다. 저기 고속도로 너머에 보이는 저 공장도 몇 년 전부터 조선기능공이 일을 하고 있는데, 한국의 유명한 대기업의 ○○○ 브랜드를 만들고 있습니다. 한국 기업과 관련된 봉제 그리고 수산물 공장들이 단둥시내 곳곳에 있습니다.

한국 사업가들이 많이 질문을 해요. 북한 해외노동자들이 일을 하는데, 한국에 수출을 할 때 아무 문제가 없는지? 저는 간단히 말을 합니다. 한국사람이 중국 공장을 운영하는 중국사람과 계약을 하는데 무슨 문제가 있나요? 저도 조선족이지만 중국사람입니다.

중국 공장에서 조선기능공들이 만든 옷들이 한국, 미국, 일본, 유럽 등지로 다 수출되고 있습니다. 이것이 현실이죠. 단둥의

① 한주에 6일간을 로동일로 한다.

② 조선측 기능공들은 일요일과 쌍방의 국가적 명절일에 휴식하며 만일 휴식일 또는 로동시간외 생산을 해야하는 경우 등가 보상의 원칙에서 쌍방이 합의하여 진행한다.

조선: 1월 1일, 2월 16일, 4월 15일, 10월 10일

4. 지불조건

① 나측은 가측 인원들에 대한 매달 생활비는 관리성원 중 사장은 2400 웬, 기능공은 1600 웬으로 하여 익월 20일에 지불한다. 숙식은 1인당 매달 350 웬 표준으로 공급한다.

② 나측은 로임을 딸라 또는 웬으로 지불 한다.

③ 로임 지불에서 제기되는 문제는 쌍방이 합의하여 해결한다.

5. 로력관리

가측 인원들에 대한 로력 관리는 가측 관리성원들 만이 할수 있다. 나측 성원들이 가측 성원들의 승인없이 가측 인원들을 이동시킬수 없다.

3

---

3 북한 해외노동자의 계약서 일부분. 쌍방의 의무, 임금 지불 내역, 계약기간과 공휴일, 신변안전, 분쟁해결, 위약 책임 등이 명시되어 있다(2015년).

상황을 잘 모르는 한국분의 막힌 생각하고 다르죠. 제가 알고
지내는 한국사업가들은 이 구조를 잘 활용하고 있습니다.

다른 이야기지만, 그 분들 가운데는 여전히 평양에서도 한국으
로 수출하는 제품을 만들고 있습니다. 이것도 문제가 없고 방법
이 다 있습니다. 참 한국에 수출 안하고 다른 나라로 수출하는
것은 더 쉬워요. 5·24 조치가 걱정이 되시는 어떤 분은 한국 국
적을 포기할 생각을 하더군요. 그러면 얼마든지 평양에서 의류
생산을 할 수 있다고!

그의 말을 들여다보면, 한국 사업가들도 단둥의 공장을 활용해서
사업을 하고 있음을 알 수 있다. 그 공장은 북한 해외노동자들이 일
을 하고 있지만 중국 공장이다. 즉 한국사람과 중국사람 사이의 경
제행위이다. 생산현장에서 한국 기업가는 북한 해외노동자를 만나
지 않아도 된다. 중국 국적의 조선족이 있기 때문이다. 이는 5·24
조치가 효력을 발휘할 수 없는 영역이다.

　2015년 현재, 단둥의 현주소는 정치외교적인 효과와는 별도로 최
소한 경제적 측면에서 5·24 조치의 실효성에 대한 고민을 할 필요
가 있음을 보여주고 있다. 단둥은 북한지역이 아닌 중국에서 한국
사람들이 북한의 노동력을 활용해서 경제적 이익을 극대화할 수 있
는 토대가 있는 곳이다. 5·24 조치와 상관없이, 단둥은 4~5년 사이
에 남북 모두에게 "또 하나의 개성공단"으로 자리매김하고 있다. 한

국사람을 포함한 사업가들의 눈에 북한 해외노동자들이 일을 하는 단둥의 중국 공장은 경제적인 면에서 매력적인 공간이다.

단둥, 북한 노동자가 담근 김치를 맛보면서 경제적 이익을 추구하는 장

다음 날, 조선족 B는 우리를 단둥시내 외곽에 위치한 자신의 공장으로 안내했다. 도중에 단둥에 15년 넘게 거주하는 한국사람 C도 동행했다. 그는 조선족 B가 공식적으로 대행을 해주는 덕분에, 5년 전과 마찬가지로 2015년 현재에도 평양에서 의류를 생산하고 이를 한국이 아닌 다른 나라로 수출하고 있다.

이번에는 한국사람 C가 끊임없이, 잠재적인 사업파트너인 재미동포에게 북한 해외노동자를 고용하고 있는 공장들의 위치와 상황을 설명해준다.

길 건너 공장은 300명의 북한 해외노동자가 있고 주로 미국에 판매되는 의류를 생산하고 있습니다.

저 공장은 북한 해외노동자들이 1,500명이 넘는데, 한국과 가까운 나라로 수출되는 고급 양복을 만들고 있습니다. 오늘 가는 공장은 제가 매일 가는 공장이죠. 생산현황 체크 때문에!

공장들 앞에 북한 인공기와 다양한 나라의 국기가 보이죠. 인공기는 북한 노동자가 근무하고 있다는 것이고 다른 국기는 수출하는 나라를 표현하는 것이죠. 오면서 여러 국기들을 게양한 공장들 많이 보셨죠?

공장 주차장에 도착한 우리들 가운데, 나와 한국사람 C는 차에서 기다리겠다고 말했다. 그곳에는 북한 해외노동자들이 있다는 사실을 알고 있는 나로서는 어쩔 수 없는 선택이었다. 대신에 나의 카메라를 주면서 무언의 부탁을 했다. 창밖 너머 20대 초반으로 보이는 북한 여성노동자 몇 명이 지나가는 사이에, 미국 국적인 재미동포와 조선족만이 중국 공장으로 들어갔다.

견학과 상담을 마친 재미동포는 차에 타자마자 "평양뿐만 아니라 단둥에서도 북한 노동자의 저렴한 노동력을 활용할 수 있다는 사실을 눈으로 확인했다."고 조용히 이야기하면서 그가 계약상 필요해서 찍은 사진들을 보여주었다. 카메라 화면에는 북한 해외노동자들이 "별들만이 안다!"라는 문구 아래에서 옷들을 만들고 있었다.

조선족 C는 내 마음을 알았던 것 같다. 공식적으로 내가 들어가지 않은 공장의 북한 해외노동자들이 만든 "북한식 김치" 한 포기를 포장해왔다. 나는 그들이 담근 김치 맛만 보았지만, 그들은 한국에서 판매될 옷을 만들고 있었다.

한편, 한국의 연구자들은 현장에서 뛰고 있는 기업가들과는 다른 진단을 한다.

4 중국 공장에서 일하는 북한 해외노동자들이 담근 김치. 일반적으로 중국인 사장이 식비에 해당
하는 금액을 주면 북한 해외노동자들이 자체적으로 식자재를 구입해서 음식을 만든다. 사장은
생산효율에 미치는 영향을 알기 때문에 식비를 아끼지 않는다. 또한 매달 한 번씩 생일 파티를
챙기는 것을 중요하게 여긴다(2014년).

5 대한민국과 조선의 출입국 도장이 함께 찍혀 있는 조선족 여권. 조선족은 단둥에서 한국 사업가
와 북한 해외노동자를 연결하는 경제행위뿐만 아니라 평양과 서울을 왕래하면서 비공식적으로
북한과 한국을 연결하는 경제활동도 한다(2014년).

북한 노무인력의 월급은 약 월 1,900~2,000위안인 데 비해 중국 동북지역 노무자의 월급은 2,000~2,500위안이어서 인건비는 상대적으로 저렴하나, 월급 외 숙박시설, 식당 등 부대시설을 제공해야 하기 때문에 실제 기업 입장에서 노동비용 절감효과는 크지 않음. _대외경제정책연구원, 2015년 9월 2일자, 「중국 뉴노멀 시대 북·중 경협의 구조적 변화」 중에서

위의 인용문에 대해 "과연 그럴까? 사업가들이 이익이 남지 않는 일에 투자를 할까? 2010년 전후부터 북한 해외노동자를 지속적으로 고용하고 있는 이유를 어떻게 설명을 해야 할까? 절감효과가 크지 않다는데 매년 고용 규모가 왜 늘어날까?"라는 의문을 품어본다.

조선족 C는 "중국 노동력 부족"만으로 설명하지 않고 다음과 같이 말한다.

(단둥) 북한 노동자의 월급은 요즘 올라 300~400달러에 형성되고 있다. 기타 비용(식비와 기숙사 운영비) 등을 포함해도 중국 노동자의 1인 고용에 드는 비용의 약 80% 전후이다. 중국 노동자와 달리 이직을 안 하기 때문에 고용 인원의 안정성이 확보된다. 중국 노동자들의 4대 보험 비용인 약 600위안이 절감된다. 그리고 손재주가 좋아서 작업능률이 좋고 야근이 보장된다. 경제적으로 따져보면 중국 노동자들보다 최소한 약 1.5배에서 1.7배 효과가 있다.

이러한 이득을 아는 한국 기업가 혹은 한국과 연결된 중국 기업가들은 북한 해외노동자를 고용해서 의류, 수산물, 전기전자제품 등을 생산·수출하고 있다. 소설과 현실이 다르고 연구자와 경제 현장에서 살고 있는 사람들의 판단이 다르다. 2010년 5·24 조치 이후 남북 교류의 명맥만을 유지한 것은 개성공단만이 아니다. 한국 사회의 선입견과 다른 그림들이 그려지고 있는 지역이 단둥이다.

2003년 개성공단 착공 이전에도 단둥은 삼국 경제 교류의 장이었고 2016년 개성공단 폐쇄 이후도 마찬가지이다. 이 지역은 삼국의 정치적 상황에 영향을 받지만 삼국 무역 구조와 방식이 중단된 적이 없다. 국가가 장벽의 성격이 강한 국경을 만들고자 할 때 경제적 이익을 추구하는 사람들은 그 국경을 허무는 편법이면서 합법적인 방식을 알고 활용하는 곳이 단둥이다. 『정글만리』의 주인공이 풍문으로만 북한 해외노동자의 존재를 듣지 않고 이 도시를 찾았다면, 소설에 다른 이야기가 추가되지 않았을까?

북한
해외노동자들이
존재한다는 의미

파독 독일 광부와 북한 해외노동자를 바라보는 시각의 차이

파독 광부와 간호사는 2014년에 개봉한 영화 《국제시장》의 주인공들이다. 1963년부터 1977년까지 독일에 간 광부는 7,932명, 간호사는 10,226명이다. 홍준표 경남지사는 파독 광부와 간호사 두 분에게 감사패를 수여했다. 그의 표현 속에 파독 광부와 간호사를 바라보는 한국 사회의 시각이 압축되어 있다. 역사책 혹은 방송을 통해서 그들을 배우고 접한 나 역시 동의하는 내용이다.

　홍 지사는 "더 일찍 모시지 못해 죄송하다"며 "두 분이야말로 영화 '국제시장'의 주인공이고 가난을 극복하기 위해 이국만리 낯선 독일의 광산과 병원에서 생명을 담보로 온갖 고난과 역경을 이겨내고 우리나라 경제발전의 밑거름이 됐다"고 말했다. 홍 지사는 이어 "파독 광부·간호사분들이 최소한의 생활비만 남긴 채, 고국으로 송금한 외화가 있었기에 포항제철을 세우고 경부고속도로를 건설할 수 있었다"고 감사를 표했다. _《문화일보》 2015년 2월 11일자

이와 같은 《국제시장》에 대한 한국 사회의 반응이나 파독 광부와 간호사의 이야기를 접할 때마다 나는 또 다른 사람들을 떠올릴 수밖에 없다. 그들은 바로 "북한 해외노동자"이다. 중동, 러시아, 몽골, 터키, 동남아, 아프리카에 진출한 북한 해외노동자들의 규모는 대략적으로 알려져 있다. 그 가운데 2015년 현재 중국 전체가 아닌 단둥에만 체류하는 연인원 약 2만여 명의 북한 해외노동자가 있다. 이는 약 15년 동안 독일에 간 광부와 간호사의 규모와 비슷하다. 그들을 바라보는 한국 사회의 주요 시각은 어떤 모습일까?

- 북한 해외노동자 파견, 정권의 주요 외화획득 수단 _《연합뉴스》
  2015년 5월 13일자
- 북한 해외노동자 노예생활 신음 _《세계일보》 2015년 6월 17일자
- 북한 해외노동자 노예노동 개선 국제사회 나서야 _《연합뉴스》
  2015년 9월 16일자

이와 같은 기사들의 제목뿐만 아니라 그들을 다룬 책에서도 인권은 빠지지 않는 단골메뉴이다. 특히 한국 언론은 그들의 삶을 "노예노동"이라는 시각에서 주로 다루고 있다.* 파독 광부와 간호사와 북한 해외노동자를 단순하게 비교 할 수 없거니와 맥락이 조금 다르기도 하다. 하지만 이들의 존재와 의미를 바라보는 시각들은 "경제발전의 밑거름"과 "노예생활"이다. 달라도 너무 다르다.

> 오로지 돈을 벌기 위해 지하 갱도에서 3년을 보낸다는 것은 쉬운 일이 아니었다. 1964년 12월 첫 유럽 방문에 나선 박 대통령이 루르 탄광을 방문했을 때 환영식장이 울음바다가 됐다는 건 유명한 얘기다. "이게 무슨 꼴입니까. 피눈물이 납니다. 우리 생전에는 이룩하지 못하더라도 후손들에게만큼은 잘사는 나라를 물려줍시다."라는 박 대통령의 연설에 광부들은 "아이고, 아이고"라며 울음으로 답했다. _《동아일보》 2015년 9월 19일자

이 글에서 하고자 하는 이야기는 북한 해외노동자의 작업 환경과 조건을 외면하자는 것이 아니다. "인권"이라는 렌즈로만 그들을 바라보는 시각에서 놓치고 있는 것이 무엇인지를 생각하자는 것이다. 나는 파독 광부와 간호사를 바라보는 시각으로 북한 해외노동자를

---

* 2016년 현재에도 한국에선 같은 내용을 보이는 신문기사, 연구보고서, 책 등이 쏟아져 나오고 있다. "북한 해외노동자"라는 검색어로 뉴스를 찾아보면 다른 내용을 찾기 힘들다.

1 흔히 도강증으로 불리는 통행증. 중·조 국경을 넘나드는 여러 방식 중의 하나다(2013년).
2 북한 무역회사 영업허가증. 뒷면에는 등록번호와 날짜, 무역회사명과 소속기관명, 회사급수, 기구정원, 소재지, 영업 근거를 명시하고 있다. 업종에는 상품 수출과 수입으로 적혀 있다(2013년).
3 경제활동을 하는 북한사람의 여권(2015년).

바라보는 것, 예를 들어 "북한에 남아 있는 가족들에게 해외에서 일하는 아버지 혹은 누이는 어떤 존재일까? 그들이 북한에 미치는 경제적 영향력은 얼마나 될까?" 정도는 한 번쯤 생각해보는 것도 통일로 가는 과정이라고 생각한다.

노예생활이라는 렌즈가 아닌 다른 시각으로 보면 그들은 우리 곁으로 다가온다. 나는 지금부터 단둥의 북한 노동자의 경우, 그들이 어떻게 한국 사회와 연결 되어있는지를 설명하고자 한다. 간단히 언급을 한다면, 한국 사회는 그들의 손을 통해서 만들어진 옷과 농수산물을 소비하고 있다.

개성공단은 북한의 유일한 현금박스가 아니다

[...] 이화여대 교수는 북한의 이중적 행태에 대해 "국제사회의 대북제재가 진행 중인 지금 개성공단은 북한의 유일한 '달러박스'이기 때문"이라고 지적했다. 1월 말 현재 개성공단에서 일하는 북측 근로자는 5만3397명이다. 월평균 임금 144달러를 적용하면 연간 9000만 달러 이상의 현금이 북한 당국에 들어가는 셈이다. _《한국경제》 2013년 3월 28일자

한국의 연구자와 언론은 개성공단이 "북한의 유일한 달러박스" 혹은 "남측에서 들어오는 유일한 달러박스"(《국민일보》 2013년 3월 31일자) 역할을 한다고 분석한다. 최근에도 "북한 역시 달러박스인 개성

공단을 포기하지는 않을 것"(《서울신문》 2015년 8월 22일자)이라는 관측과 개성공단 임금 갈등과 관련되어 "현금이 급했기 때문"(《연합뉴스》 2015년 8월 18일자)이라는 진단을 내놓고 있다.*

이는 구체적인 사실에 기초한 것일까? 아니면 일방적인 주장일까? 결론부터 말한다면, 2010년부터 개성공단이 한국에서 북한으로 "공식적으로 들어가는 유일한 달러박스"라고 할 수 있다. 그러나 북한의 "유일한 현금박스"는 아니다. 북한은 개성공단만이 아니라 해외에도 현금박스 역할을 하는 북한 해외노동자들이 있다. 그들의 해외파견 역사도 최근의 일이 아니다.

2007년 한국의 방송은 북한 해외노동자의 현황을 보도하고 있다.

> 1990년대 이후 해외에서의 외화벌이 사업을 주요과제로 설정했다. 이후 현재까지 북한은 중국, 러시아, 중동 등 전 세계 45개국에 2만에서 3만 명에 이르는 노동인력을 파견하고 있는 것으로 추산된다. _《KBS 스페셜》 2007년 9월 9일자

우선, 단둥의 북한 해외노동자만 놓고 생각해보자. 2012년 1만여 명이었던 그들의 규모는 2015년 현재 약 2만여 명으로 파악되고 있다. 그들의 월급은 개성공단의 3~4배에 해당이 된다. 단순히 월급만 놓

---

* 2016년 개성공단 폐쇄에 대해서 찬성 측은 북한의 달러박스의 시각으로, 반대 측은 개성공단이 북한의 유일한 달러박스가 아님을 주장하고 있다.

고 계산을 해보아도, 개성공단의 연간 9,000만 달러와 비슷하다. 즉 인건비로 지급되는 소위 현금박스만 놓고 볼 때, 북한의 입장에서 보면 개성공단과 단둥은 다르지 않다.

이 액수는 단둥의 북한식당 약 25개소에서 일하는 북한 종업원이 받는 월급 약 1,000달러를 고려하지 않은 것이다. 이들 종업원의 숫자는 약 1,000여 명에 이른다. 또한 중·조 국경을 넘나들면서 단둥에서 일하는 일용직 북한 해외노동자의 경제활동도 포함하지 않은 액수다. 또한 단둥에서 북한은 북한식당의 수익, 약 3,000여 명에 이르는 북한 무역일꾼의 무역행위, 북한으로 가는 중국 관광객의 여행비용 등을 통해 외화를 벌어들이고 있다. 그렇다면 단둥은 북한의 입장에서 본다면 "또 하나의 개성공단이자 현금박스"라고 파악해도 무리가 아닐 것이다.

물론 북한 해외노동자가 단둥에만 있는 것이 아니다. 앞에서도 언급한 것처럼 중동, 러시아, 몽골, 동남아, 터키 그리고 아프리카에도 그들이 있다. 아산정책연구원과 남북경협비대위는 5만여 명으로 추산한다(《조선일보》 2014년 11월 24일). 하지만 러시아 노동부의 발표에 의하면, 러시아에만 북한 해외노동자가 4만 7,000 명이 넘는다 (《연합뉴스》 2015년 4월 30일자).

이를 감안한다면 북한 해외노동자의 규모는 더 크다고 봐야할 것이다. 그렇다면, 한국의 시각과는 달리, 북한은 해외에 몇 개의 "개성공단"을 가지고 있다고 보아야 될까? 현재 북한의 경제 상황과 대북제재 효과를 분석하려 한다면 이 점을 반드시 고려헤야 한다.

4 2013년 북한화교가 찍은 평양의 봉제공장. 북한 해외노동자뿐만 아니라 평양의 북한 노동자들도 최종 목적지가 미국 또는 한국인 의류들을 생산하고 있다. 그렇다면 북한 내부에는 과연 몇 개의 "개성공단"이 있는 것일까? (2013년).

5 북한사람들이 차에 귀국 물건을 싣고 있다. 그들의 가방에는 한국의 초코파이만 들어 있는 것이 아니다(2015년).

한국사람은 북한 노동자들이 만든 MADE IN CHINA 제품과 농수산물을 구입하고 있다

단둥은 북한에 "또 다른 개성공단"의 역할을 한다. 그런데 북한 해외노동자는 북한의 경제에만 영향을 미치는 것이 아니다. 그들의 경제활동은 한국 사회에도 영향을 주었다. 김진향 정치학 교수는 『개성공단 사람들』(내일을 여는 책, 2015)이라는 책을 출판한 뒤 인터뷰에서 개성공단이 한국 사회에 어떤 영향을 미치고 있었는지를 사례를 통해서 보여주고 있다.

그 중에서 한국 사회에 소비되는 옷 가운데 개성공단이 생산하는 비중을 강조하고 있다.

> 우리나라 속옷의 70%가 개성공단에서 나오죠. 우리가 입고 있는 의복의 30%는 개성공단에서 나옵니다. 그리고 휴대폰 부품도 상당수가 개성공단에서 조립되고 있어요. _《한겨레》 2015년 6월 11일자

위의 내용에 추가 설명을 한다면, 2013년 개성공단 현황 기준으로 약 5만여 명의 북한 노동자를 고용한 개성공단의 입주기업 123개 가운데 섬유 관련 기업은 72개이다. 김진향은 이 정도의 규모에서 생산한 속옷과 의류가 한국 사회의 가정 옷장에 차지하는 비중을 말하고 있다. 여기에 나는 개성공단이 한국 사회에 미치는 영향에

대한 그의 의미 있는 분석에 세 가지 첨언하고자 한다.

첫번째는, 그동안 한국사람들은 개성공단에서 만든 옷들만 입고 지내지 않았다. 개성공단이 아닌 북한의 다른 지역에서 생산한 옷들도 한국 사회에 유통되었다. 이러한 역사는 2004년 개성공단 가동 이전으로 거슬러 올라간다. 예를 들어, 평양과 신의주 등에서 만들어진 옷들이 단둥을 경유해서 한국 사회의 소비자를 만난 역사가 20년이 넘는다. 이런 옷들 가운데는 북한산 라벨도 있었지만 중국산 라벨을 달고 한국에 판매되었다.* 이런 역사는 중단되지 않았다.

두번째는, 2010년 5·24 조치 이후, 개성공단이 아닌 평양 혹은 신의주 등에서 생산된 옷들이 북한산 라벨을 달고 공식적으로 한국에 들어올 수는 없다. 그러나 북한에서 만든 제품이 중국산 라벨을 달고 한국에 판매되는 구조는 2016년 현재에도 사라지지 않았다. 다시 말해 우리가 사 입는 중국 제품 가운데 사실은 북한 내부의 노동자가 만든 옷들도 존재한다. 한편 북한이 아닌 해외에서 북한 노동자들은 한국으로 수출되는 옷들을 생산한다.

세번째는, 현재 단둥에 체류하는 약 2만여 명의 북한 해외노동자 가운데 약 70%가 중국 봉제공장에서 근무하며, 그들이 생산한 중

---

* "지난 20년 동안 평양에서 만든 옷이 어떻게 중국을 경유해서 한국으로 들어오고, 이런 옷들 가운데 일부는 한국사람들이 어떻게 중국 제품으로 알고 입게 되는지, 나아가 한국 사회에서 안 팔린 옷이 어떻게 다시 북한으로 수입되어 평양사람들이 자신들의 이웃 친구들이 만든 옷을 중국 제품으로 알고 입게 되는지"와 같은 다양한 사례에 대해선 졸저 『나는 오늘도 국경을 만들고 허문다』를 참고하길 바란다.

국산 의류 가운데 일부는 합법적으로 한국에 수입되고 있다. 이런 구조를 가진 생산 공장이 단둥에만 있는 것이 아니다. 중국 연변지역의 북한 해외노동자들의 손으로 만든 옷들도 있다.

이렇듯, 옷의 중국산 라벨(원산지 표시)만 보고는 한국의 소비자는 북한 노동자들이 만들었는지를 파악할 수 없다. 한국을 포함한 여러 나라 사람들은 북한사람들이 만들고 "메이드 인 차이나"로 표시된 의류를 쉽게 구매할 수 있는 환경에 살아왔다. 즉 북한의 노동자들이 생산한 옷들이 우리의 옷장을 채우기 시작한 것은 2004년 개성공단 가동 이전부터이고 지금도 중단되지는 않았다.

그런데 한국에 판매되는 제품 가운데 북한의 노동력이 들어가 있는 것은 옷뿐만이 아니다. 5·24 조치 이후, 좀 더 복잡한 방식이긴 하지만 북한에서 한국으로 농수산물도 들어온다.

단둥에 거주하는 대북사업가인 한국사람 A와 한국에서 술잔을 앞에 놓고 이야기를 나누었다.

5·24 조치 이전 북한에서 생산된 농수산물은 대부분 북한산으로 한국으로 수출했지. 요즘은, 특히 수산물의 경우 대부분 단둥의 중국 공장을 거쳐서 한국으로 수출하는 형편인 것은 강 박사도 알지! 그런데 요즘 웃지 못하는 상황을 보았네.

최근 한국에서 인기 있는 약초 가운데 중국과 북한에서 모두 생산되는 것이 있는데, 중국산은 재배하기 때문에 모양이 좋아.

그런데 북한산은 야생이기 때문에 상품성이 떨어져. 예전에는 그래도 북한산으로 광고하고 자연산으로 설명하면 한국에서 중국산보다 비싸게 팔 수 있었지만. 5·24 조치 이후 북한산으로 판매를 할 수 없는 상황에서 모양이 안 좋으니까 한국에서 중국산 가운데 B등급으로 판매되고 있다네.

소주 한 잔을 마신 그는 한마디 덧붙였다.

한국 소비자들에게 모양은 안 좋지만 야생에서 채취한 북한산이라고 설명을 할 수 없는 것이 지금의 현실이야. 광고 멘트가 생각나네. 참~ 좋은데 뭐라 설명할 방법이 없네!

압록강의 철조망은 탈북자 방지용이 아니다

평화의 섬 교동도에서 철조망과 중립 지역을 만나다

시간이 날 때마다 단둥에 가기 바빴던 나는 1박 2일 일정으로 어린 이어깨동무가 매년 주최하는 DMZ 평화기행 "평화야 함께 걷자"에 가족과 함께 다녀왔다. 신청을 할 때에는 가벼운 마음으로 중·조 국경에만 매달리던 나를 뒤돌아 볼 기회라고 생각했다.

답사 전날 나는 처음으로 진지하게 아들에게 평화와 통일에 대해서 설명을 했지만, 초등학교 2학년인 아들의 반응에 나는 쓴웃음을 지을 수밖에 없었다. "나는 통일과 평화를 생각할 수 없어, 나에게는 권력이 없잖아!" 답사 내내 아들에게 한방 먹은 기분이었던 나는 답사 일정에 포함된 교동도에서 분단의 상징인 철조망을 바라보다 지역 전문가 한 분을 만났다.

바로 우리누리평화운동 대표 김영애인데, 그분은 현장의 모습을 생생한 목소리로 전달해줬다.

남쪽의 교동도와 북쪽의 연백평야 사이의 강이자 바다인 저 곳은 남북의 중립지역입니다. 철조망이 생기기 전 교동도 주민들은 갯벌에 나가 조개를 채취했습니다. 남북 사이에 이런 공유지역이 있다는 것을 사람들은 너무 몰라요.

북쪽 사람들은 요즘도 갯벌에 나와 어업활동을 합니다. 그런데 우리는 철조망에 갇혀 있습니다. 법적으로 아무런 문제가 없는데 우리는 못하고 있습니다.

북한과 마주보는 교동도 앞바다는 한강 하류이기도 하다. 신의주와 단둥 사이를 흐르는 압록강 하류와 다른 점도 많고 닮은 점도 많다. 그분의 설명 덕분에 한편으로는 "압록강 공유지역"에만 매달렸던 나 자신이 부끄러워졌고 다른 한편으로는 새로운 고민을 할 수 있는 기회를 얻었다. 나는 왜 저 교동도를 감싸 도는 강이자 바다인 공간을 휴전선의 눈으로만 바라봤을까? 나는 왜 막연히 단절된 공간으로만 생각하고 있었을까? 남들은 다 아는 사실을 나만 모르고 있었던 것일까?

충격적으로 다가온 그분의 이야기를 듣다가 잊고 있었던 작은 일들을 회상하면서 자책했다. 오래 전에 오두산 통일전망대를 방문했을 때 보았던 조감도에는 "남북 중립 지역"이 표시되어 있었는데, 지난 대학원 시절에 방문했을 때에는 그 표시가 사라져 있었다. 그 이유가 무엇인지 의문을 품기만 하고 더 이상 찾아보지 않았다. 그 기억을 떠올리며 손에 들고 있던 "평화의 섬 교동도 관광안내지도"를 꼼꼼히 되살펴보게 되었다.

2015년에 제작된 지도에는 선명하게 교동도와 연백평야 사이로 군사분계선이 그어져 있었다. 중립 지역과 군사분계선 그리고 현장의 목소리와 문화체육관광부 표준지침으로 만들어진 지도의 차이를 어떻게 이해해야 될지 막막했다.

인터넷 검색을 해보았다. 정치가들이 간혹 "대한민국 유일의 DMZ가 아닌 중립지역(한강하구프리존)"을 언급하는 사례가 있지만 대부분 사람들의 관심은 크지는 않은 것 같았다.* 오히려 주를 이루는 기사는 휴전협정 이후 그곳에는 철조망이 있었고 군사분계선의 의미를 강조하는 내용이 많았다.

휴전협정의 당사자(미국, 중국, 북한)들은 한반도 서쪽 끝 한강어

---

* 2016년 6월, 중국 어선의 불법 조업과 관련되어 한국 언론은 이 지역을 "63년 만에 재조명되는 한강하구 중립지역" 또는 "초민감 지역"이라는 시각에서 주목하고 《국방저널》 7월호에서 설명한 "육지의 비무장지대(DMZ)처럼 남북 간의 우발적 충돌을 막기 위해 한강하구에 설정한 남북한의 완충지대"로 규정하고 있다.

귀 교동도에서 동쪽 끝 고성 명호리 해변까지 248km에 이르는 구간에 철조망을 치고 군사분계선이라는 팻말 1,292개를 박았다. _《주간경향》 2015년 3월 10일자

교동도와 관련된 블로그와 카페의 여행 후기를 살펴봐도 비슷하다. 대부분의 글은 교동도의 철조망을 약 60여 년 전에 설치된 휴전선과 같은 때에 설치된 것으로 오인하고 있다. 연백평야와 교동도 사이의 공간을 "공유 지역" 혹은 "중립 지역"이 아닌, "군사분계선의 연장선"으로 잘못 알고 있다. 그러나 그분의 이야기와 일치하는 다른 목소리도 있었다. 이곳의 "철조망"은 약 20년 전에 설치된 것이다.

교동섬은 북한 연백군 바닷가와 불과 2~3km 떨어져 있지만 남북 화해 무드가 일기 직전까지도 철책이 없었다. 하지만 1997년 해안선 37km 가운데 25.5km에 높이 3m가 넘는 견고한 군사용 철책이 쳐졌다. 섬 주민 황아무개(66)씨는 "6·25 전쟁 이후 50년 가까이 비교적 자유롭게 물에 나가 고기도 잡았는데 지금은 철책 탓에 엄두도 못 낸다." _《한겨레신문》 2006년 2월 19일자

국내 국제법 전문가들은 정전협정 1조 5항에 따라 한강하구는 남북의 공유 하천이자 국경지역으로, 군사적 의미가 없는 민간의 출입이 가능한 지역으로 해석하고 있다. 그런데 이 법의 존재를 몰랐던 우리는 DMZ 영역으로 예단하며 분단의 철조망을

스스로 쳤던 셈이다. _《오마이뉴스》 2005년 7월 11일자

고집스러운 분단과 경계의 시각으로 인해 불과 20년 만에 분단의 틈새에서 존재하던 독특한 삶의 방식과 정전협정의 중요한 내용이 사라지고 만 것이다. 그런데 이렇게 한국 사회의 분단적 사고와 획일화된 시각이 소비되는 지역이 또 있다. 바로 압록강과 두만강, 그리고 그곳의 철조망이다.

압록강의 철조망을 바라보는 획일적인 시각

중·조 국경의 특징과 성격을 한마디로 설명하기는 무리지만, "압록강과 두만강은 북한과 중국이 공유한다."라는 표현으로 요약할 수 있다. 단둥과 신의주 사람들은 강물, 물안개, 그리고 해와 달만을 공유하지 않는다. 그들은 강을 넘나들면서 삶을 공유하고 있다. 이러한 국경지역에 2006년 전후부터 "철조망"이 등장하였다.

그 이유는 무엇일까? 한국에서 알고 있는 것과는 전혀 다르다. 다음은 그 당시의 상황을 기록한 연구 내용이다.

처음 설치된 철조망은 압록강의 특수한 지형 때문에 중·조 국경이라는 구분이 쉽지 않은 곳에 세워졌다. 탈북자 방지를 위한 것으로 보도하는 한국 언론의 내용과는 달리, 철조망 설치는 양 국민의 교류를 막기 위한 목적보다는 중국 영토의 끝자락을

1 단둥 외곽으로 나가면 북한과 중국이 실개천을 사이에 두고 마주보는 곳이 나온다. 2007년 당시엔 국경을 표시하는 철조망이 없었다(2007년).
2 철조망은 끊임없이 이어지지 않는다(2015년).

사람들에게 알리기 위한 목적이 더 크다. _「나는 오늘도 국경을 만들고 허문다」 중에서

10년 전 중·조 국경지역의 철조망을 바라보던 한국의 시각은 여전히 변하지 않았다. 한 번 고정된 분단의 시각은 현장의 삶을 외면한 채 끊임없이 재생산되고 있다. "북한과 중국 사이, 철조망 세워진 이유는"(《프레시안》 2015년 9월 6일자), "中, 압록강 일대 北접경에 철조망 신설"(《연합뉴스》 2011년 3월 29일자), "中, 북중 국경 두만강 하류까지 철조망 설치"(《연합뉴스》 2013년 8월 2일자) 등의 제목으로 언급하는 핵심 내용은 "중국 쪽 철조망"의 "탈북자 방지 목적"이다.

이중에서 "13년 만에 찾은 중국 단둥… 삼엄해진 국경"으로 시작하는 2015년 9월 16일자 《KBS》 뉴스 기사를 들여다보자.

그곳은 징검다리 하나 있던 그 국경이 아니었다. 북한 쪽에 이중 철조망, 그리고 중국 쪽에도 철조망이 쳐 있었다. 그 개울은 그대로지만 접근은 철저하게 차단됐고 전에는 없었던 중국 국경경비대가 경비를 하고 있었다. 오고 갈 수 없는 그야말로 철의 장막이 되어 버렸다. [...] 산과 들은 여전히 평화로웠지만, 국경 분위기는 삼엄했다. [...] 국경의 철조망은 북한 탈북자가 늘어나고, 북한에서 탈영한 군인이 중국에서 살인사건을 일으키는 사건들이 발생하자 3년 전 설치됐다고 한다.

3 단둥시내 외곽의 철조망 너머 중국 아낙네가 빨래를 하고 있다(2015년).
4 철조망 너머 중국사람들이 농사를 짓고 있다(2015년).

압록강을 공유하는 풍경들

위의 기사에서 풍경과 철조망을 묘사하고 설명하는 지역은 단둥시 내 외곽에 위치한 "일보과"이다. "한 걸음에 건너갈 수 있다."는 뜻 그대로, 북한을 지척에서 볼 수 있고 건너기도 했던 곳이다. 그만큼 북한과 중국의 경계가 모호했던 곳이다. 때문에 2006년 전후 가장 먼저 철조망이 생긴 지역 가운데 하나이다.

이곳은 철조망이 세워진 이후에도 한국사람이 북한 군인을 만나는 체험을 할 수 있는 곳으로 유명해졌던 곳이다. 하지만 최근에 사람들이 많이 찾지 않는다. 그 이유는 철조망 때문이 아니라 이곳에서 조각배 크기의 유람선을 타는 것보다 상류에 2012년 전후부터 새로 생긴 다른 선착장에서 타는 것이 북한과 관련된 더욱 다양한 체험을 할 수 있기 때문이다.

《KBS》 기자는 9월에 갔지만 나는 8월에 이곳 일보과에서 사진 한 장을 먼저 찍었다. 철조망 너머 중국 아낙네가 압록강에서 빨래를 하는 모습이다.(사진 3) 결코 드문 모습이 아니었다. 압록강변에서 10년 넘게 참여관찰할 때마다 보던 일상적인 장면이었다. 기자의 해석대로 탈북자 방지용으로 세워진 "철저하게 차단된 철조망" 혹은 "오고 갈 수 없는 그야말로 철의 장막"이라면 이 장면은 도저히 설명할 길이 없다.

한국사람도 수풍댐과 태평만댐 주변의 압록강변에 잠시 멈추고, 압록강에서 발 담그고 과일을 먹으면서 물놀이를 할 수 있다.『열하

5 압록강변에서 수영과 휴식을 즐기는 중국사람들. 강 너머가 위화도다(2015년).

일기』의 박지원이 도하한 장소 근처에서 유람선이 출발하여 의주와 북한의 섬 사이를 가로지른다. 철조망이 없는 지역도 많다. 설령 압록강에 설치된 철조망이 있어도 중간 중간 끊어져 있고 사람들이 넘나들고 있다.

더운 여름날이면 압록강변의 양쪽에서 수영을 하고 있는 중국사람과 북한사람을 볼 수 있다. 그리고 철조망 너머 압록강변에서 중국사람이 농사짓는 모습을 지켜볼 수도 있다. 진지하게 소나 개가 강 건너 북한으로 건너가는 일을 막기 위한 것도 철조망이 생긴 이유라고 말하는 촌부의 이야기를 들을 수 있는 곳이 두만강변이다.

이처럼, 중·조 국경에 철조망이 세워졌지만 압록강에서 한국 사회가 상상하는 삼엄한 국경의 의미 혹은 탈북자 방지가 전부가 아님을 얼마든지 관찰할 수 있다. 하지만 기자와 연구자 들의 근거 없는 상상력을 발휘하는 시각과 해석은 압록강을 찾은 한국의 대학생과 관광객의 반응에도 재현되는 양상을 쉽게 목격할 수 있다.

이러한 상황에 대해서 나는 단지 오보나 사실 왜곡이라 말하는 것에 그치지 않고 "왜 압록강과 두만강의 철조망을 탈북 방지용으로만 설명하는 것일까? 이런 분단의 시각이 한국 사회에 미치는 영향은 무엇일까? 우리는 북한을 단일한 관점으로만 바라보고 있는 것이 아닐까? 이러한 관점은 누구의 이해를 대변하는 것일까?"와 같은 고민을 하게 된다.

분명한 것은 관점 하나가 한 지역의 삶 전체와 사실을 객관적으로 담아내지는 못한다는 것이다. 그렇다면 현장의 다양한 목소리를 들을 수 있는 장치와 귀 기울이는 노력들이 필요하지 않을까? 교동도와 압록강의 공유지역과 철조망이 가지는 의미는 획일적인 시각과 단일한 해석만으로는 결코 제대로 파악할 수 없다.

평화기행을 함께 한 아들은 강화도의 연미정에서 삼행시를 지었다. "연속한 전쟁은 싫어요. 미안한 마음을 가지고 북한 친구들과 정이 듭시다." 아들과 친구들이 다양한 이야기를 자연스럽게 배우는 교육 환경에 살기를 희망한다. 나는 다양성에 대한 고민을 업으로 하는 인류학자의 길을 걸어가고 있다. 갈등의 해결과 평화 공존을 위해선 인류학자의 눈이 필요하다.

단둥발發
북한 뉴스
이해하기

북한 뉴스 오보의 진원지, 단둥

단둥에 단체 답사를 갔다가 압록강 유람선 체험을 했던 어느 한국 NGO 활동가를 만났다. 나는 압록강 유람선과 관련되어, 그가 여태 껏 보고 믿던 내용은 사실과 다르고 다른 이야기가 있음을 설명했다. 그러나 그는 정색을 하면서 "내가 본 상인은 북한사람이 맞습니다. 가이드도 말했고, 방송과 인터넷 여행 후기에서 다들 북한사람 이라고 설명하는데, 왜 당신은 그들을 가짜라고 하죠?"라는 반응을 보였다. 더 이상의 대화는 의미가 없었다. 나는 한 번 고정된 편견을 바꾸기란 쉽지 않음을 느낄 수밖에 없었다. 그렇다면 그가 판단

근거로 내세운 뉴스와 관련되어 단둥은 어떤 곳일까?

방송 기자의 다음 멘트는 이를 이해하는 한 사례가 될 것 같다.

> 최근 두번째로 단둥에 다녀왔습니다. 이제 10개월째인 중국 특파원 생활 중에 단둥만 두 번째입니다. 하지만 다른 특파원들에 비하면 매우 적은 수치입니다. 더 분발해야겠습니다. 그만큼 중국 특파원들은 단둥에 뻔질나게 갑니다. 북한에 큰 일만 터지면 단둥부터 달려갑니다. 단둥은 북한의 민낯을 볼 수 있는 유일한 문구멍이라서입니다. _《SBS》 2013년 12월 19일자

대부분의 방송과 기사에 빠지지 않는 단둥의 배경 화면은 중조우의교와 압록강단교이다. 그 이외에 신압록강대교와 황금평이 있지만, 기자들에게 인기 있는 취재 장소가 하나 더 있다. "유람선이나 임대 모터보트를 타고 신의주를 취재하고 촬영하는 것도 빼놓을 수 없습니다."(《SBS》 2013년 12월 19일자)에서 표현된 것처럼, 압록강 유람선은 북한 관련 뉴스에 단골로 등장한다.

이처럼 이곳의 유람선은 한국 관광객들만 애용하지 않는다. 한국 기자들의 취재 현장의 역할을 하고 있다. 한편, 나는 유람선을 탈 때마다 "관광인류학"이라는 관점에서 한국 관광객들의 행동과 대화 등을 참여관찰한다. 그리고 한국에 올라오는 기사와 여행 후기를 꾸준히 검색한다.

그때마다 연구자의 눈에는 흥미로운 내용이지만 현실적으로는

안타까운 점을 발견하게 된다. 언론에서 언급되는 내용과 관광객들의 반응이 별반 차이가 없다는 것이다. 그들이 "현장을 정확하게 이해하지 못하는 한계"도 동일하다.

지금부터 참여관찰 내용을 풀어보겠다. 2015년 현재, 단둥시내와 외곽에는 유람선을 탈 수 있는 대표적인 곳은 모두 네 곳이다. 그중 수풍댐으로 향하는 압록강대로 옆에 있는 선착장이 4~5년 전부터 인기를 얻고 있다. 그런데 이곳의 유람선 코스는 한국 관광객들과 기자들이 착각의 늪에 빠지기 쉬운 지리적인 조건을 반영하고 있다. 선착장을 떠난 배는 북한의 육지와 섬 사이를 통과했다가 돌아온다.

1시간 남짓 유람선에서 체험한 내용과 반응이 잘 드러난 두 편의 기사를 읽어보자.

오보 1: 월경 혹은 월북으로 오해

여야 국회의원 12명과 대기업 임원 등 사회지도층 인사 70명이 북한 수역水域 15km 안까지 무단 잠입한 사건이 벌어졌다. [...] 힘찬 굉음과 함께 유람선이 움직였다. 50m쯤 나아가자 큰 섬이 나타났다. 의주군 위화면 방산마을이 있는 북한 섬이다. 섬에 의해 압록강 줄기는 두 갈래로 나뉘었는데 오른쪽은 북한과 중국을 가르는 물길이고, 왼쪽은 북한 본토와 방산마을 사이를 흐르는 북한 내부 수로水路에 해당했다. 그런데 오른쪽으로 갈

1 압록강의 유람선 뱃머리에서 보면 왼쪽은 북한 본토, 오른쪽은 북한 섬이다(2015년).
2 유람선에서 보이는 북한사람들(2011년).
3 여름철 유람선을 타기 위해 중국사람뿐만 아니라 한국사람도 선착장을 찾는다(2014년).

줄 알았던 배가 왼쪽으로 방향을 틀었다. 여기저기서 수군거렸다. "전쟁 나면 바로 포로되는 거 아니야." "이거 단체 월북이네." 농담이었지만 긴장감이 배어 있었다. 좌左도 북한이었고 우右도 북한이었다. [...] 한 가이드는 "그동안 중국 레저업체들의 요구를 받아주지 않았던 북한 당국이 최근 이 관광 코스를 허용했다."며 "그 과정에 모종의 거래가 있었다고 들었다. 북한이 어렵긴 어려운 모양"이라고 했다. _〈조선일보〉 2011년 7월 16일자

오보 2: 북한사람의 밀수 현장으로 착각

단둥에서 압록강 유람선을 타고 가는데 북한 쪽에서 작은 배한 척이 다가왔다. 예순에 가까워 보이는 남성이 배에 담배, 술, 오리알 등을 싣고 와 유람선에 탄 남한 사람들에게 팔았다. 대낮에 군인들이 지켜보는 가운데서도 밀수는 횡행했다. 한 사람이 악수를 건네며 "많이 파세요." 하자 그 주민은 "고마워요."라고 답했다. "형님도 한마디 해."라는 말에 이씨는 손만 흔들었다. "나 불쌍해서 말 못하겠어. 저거 기업소가 하는 거고 판 돈은 위에 다 바쳐야 해. 개인이 하면 군인들이 가만히 있겠나." _〈경향신문〉 2015년 5월 28일자

4 유람선에 보트가 접근을 한다. 한국사람은 이를 두고 북한사람이 물건을 판매한다고 믿는다 (2015년).

5 중국사람이 밀수를 가장한 채 유람선 관광객들에게 가짜 북한 물건을 판매하고 있다(2014년).

뉴스 오보를 다시 읽기 위해서

위의 두 기사에 실린 사례와 내용은 사실에 바탕을 두고 있지 않다. 그럼에도 불구하고 다른 방송과 기사들에서 재현되고 있고, 여행 후기를 담은 인터넷 카페와 블로그에서도 쉽게 읽을 수 있다. 왜 이런 현상이 생기는 것일까? 우선 유람선의 코스가 한국 관광객과 기자들이 오해와 오보임을 인지하기에는 어렵게 구성되어 있다. 그리고 중국 현지사람들이 "무대화된 풍경" 위에서 연출하는 연기 때문이다. 한국에서 살아온 사람들에게는 너무나 극적인 풍경과 행위들이 펼쳐지고 있는 것이다.

사실이 틀렸다는 것을 알면서도 가이드는 긴장감이 묻어나는 목소리로 "여러분이 탄 유람선이 이제 북한 영토로 들어간다."라는 해설을 한다. 왜냐하면 이런 설명이 한국 관광객들에게 통한다는 것을 가이드는 경험으로 알고 있기 때문이다. 하지만 "오보 1"의 경우 중·조 국경은 선이 아니고 압록강은 공유한다는 기본적인 사실만 인지해도 "월경을 했다."는 뉴스 오보를 막을 수 있다. 오히려 뉴스 오보라는 것이 다행이 아닐까? 갈수록 남북 관계가 경색되는 상황에서 국회의원이 월북을 체험했다면 큰일 아닌가!

가이드의 설명이 없어도, 좌우로 북한 영토가 펼쳐지는 상황에서 한국 관광객들은 자신들이 탄 유람선이 북한 수역에 해당하는 압록강에 들어와 있다고 확신한다. 여기에다 "조선 물건 사라우!" 혹은 "100원" 등 한국어로 물건을 판매하는 상인이 유람선에 접근하는 상황에 한국 관광객들과 기자들은 직면한다. 이쯤 되면 그들은 몇 마디 한국어를 하는 상인을 중국사람이 아닌 북한사람으로 당연히 여긴다. "오보 2"의 사례에서 보듯이, 상인이 북한사람인지 아닌지에 대한 최소한의 검증 작업이 생략되어 있다. 북한사람이 밀수를 하는 것처럼 보이게 하는 소위 "불법을 가장한 이벤트성 상행위"라는 점을 놓치고 있다.

설령 "중국 사람이 아닌지?" 질문을 해도, 가이드와 유람선 선장은 부정한다. 북한사람인 척 하는 것이 한국사람뿐만 아니라 중국사람들에게까지 물건을 많이 팔 수 있다는 것을 잘 알고 있기 때문에 중국사람이라고 확인해주지 않는다. 파는 물건들을 자세히 살펴보면, 북한산으로 가장한 중국 제품임을 알 수 있다. 이를 알아차리기에는 물건판매 시간이 너무 짧다. 몇 년 째 여러 경로를 통해서 나는 이들이 중국사람임을 현장에서 확인하고 있다.

"압록강 유람선상에서 마주친 북한 무역일꾼" 등의 기사를 읽게 되면, 혹시나 그 사이에 변한 상황이 있는지 궁금한 마음이 앞선다. 그때마다 나는 단둥의 지인들에게 전화를 한다. "요즘(2015)은 북한사람이 판매를 해요?"라고 물으면, 유람선 관계자를 잘 아는 조선족은 짧게 답한다. "며칠 전에도 갔다 왔는데, 가짜야! 이웃 마을에 사는 중국 어부고 나도 그 사람 알아!" 이런 단둥의 현실과는 달리, 한국 언론은 유람선과 관련된 단둥발 북한 뉴스 오보를 반복 재생산하고 있다.

다음은 《KBS》가 "광복 70년 특별기획"으로 제작한 "슈퍼코리아의 꿈 2부작"의 내레이션이다.

> 간혹 북한 어민이 나룻배를 타고와 중국 관광객들에게 물건을
> 팔곤 합니다. _《KBS》 2015년 8월 11일자

북한 뉴스를 이해하는 잣대

위의 사례들을 단순 "오보"로만 치부해야 할까? 기사들의 대부분은 유람선의 취재 내용만 언급하지 않는다. 이를 통해서 "북한 사회의 경제" 혹은 "김정은 체제의 상황"을 진단하고 해석한다. 문제는 여기에 있다. 유람선 주변에서 벌어지는 일들은 국경 너머 한국 기자들이 검증할 수 없는 북한의 상황이 아니다. 단둥에서 충분히 검증을 할 수 있는 사례임에도 "오보"를 바탕으로 북한 사회를 설명하고 있다.

이는 시사하는 바가 더 있다. "다른 단둥발 북한 뉴스를 어떻게 이해하고 받아들여야 할까?"라는 질문을 심층적으로 들여다볼 실마리를 찾을 수 있다. 물론 나에겐 10년 넘게 신뢰, 즉 라포 관계를 형성하고 있는 단둥의 정보제공자들이 있다. 이와 더불어 나는 두 가지 평범한 잣대를 가지고 있다.

하나는 "현재(2015) 상황에서 한국 기자들이 직접 취재를 할 수 없는 지역이 압록강 너머 북한 사회이다. 당연히 단둥발 북한 뉴스를 검증하기는 쉽지 않다."라는 나만의 기준과 경험을 떠올리면서

6 한국 사회에 국경은 선의 이미지가 강하다. 반면에 국경과 관련된 압록강과 두만강의 핵심은 공유다(2015년).

단둥발 북한 뉴스를 읽는다.

다소 엉뚱한 방법일 수 있지만 하나 더 있다. 북한에 대한 상황을 탈북자의 목소리로 쏟아내는 《채널 A》의 프로그램 〈이제 만나러 갑니다〉를 시청할 때, 나는 스스로에게 "그럴 일은 없지만, 내가 만약에 북한의 방송에 출연을 해서 청와대 혹은 상류층 그리고 한국 사회 전반에 대해서 얼마나 정확하게 설명 할 수 있을까?"와 같은 질문을 던진다.

마찬가지로 유달리 단둥발 북한 뉴스는 "중국 단둥 현지 가이드에 의하면" 또는 "중국인 택시 기사는"라는 인용으로 내용이 채워지는 경우가 많다. 전문가들도 설명하기 힘든 북한 사회 내부의 사건과 상황들을 단둥의 가이드와 택시기사가 말하고 이를 기사에서 인용한다. 예를 들면, "우리 가이드도 북·중 중앙정부간 관계는 약간 저조하지만 지방정부와 민간 차원의 대북 투자와 교역은 확대되는 추세라고 설명했다." 또는 "중국인 택시기사는 앞으로 수년 내에 북한 근로자가 10만 명까지 늘어날 것이라고 주장했다." 등이 있다.

이런 뉴스를 접할 때마다, 나는 탈북자가 등장하는 프로그램들을 시청할 할 때 하는 자문自問을 또 한다. "가이드와 택시기사가 저런 거시적 이야기를 해줄 수 있는 적절한 인터뷰 대상인가?" 인류학을 전공하고 있는 나는 당연히 "현지인의 목소리"를 소중히 여긴다. 그렇다고 검증하지 않고 모든 "현지인의 이야기"를 인용하지는 않는다. 한편, 연구 주제 가운데 하나이지만, 나로서도 한국 사회에 보도되는 "압록강 유람선"과 관련된 내용과 여행후기를 모두 검색하지는 못했을 것이다.

하지만 이 글을 마무리할 때쯤, 몇 년 만에 처음으로 나의 연구 내용과 일치하는 기사를 읽었다.

> 북한 당국이 주민을 보내 외화벌이를 시키는 것인 줄 알았다. 그래도 물건을 하나 사는 게 어떨까 고민하는 것도 잠시. 동승했던 단둥 거주 한국인 사업가는 "저분은 북한 주민이 아닙니다. 물건을 사지 마세요."라고 낮은 소리로 말했다. 자신도 예전에 동정심을 느껴 물건을 산 적이 있는데 알고 보니 중국인이었다고 설명했다. 중국 상인이 간단한 한국말 몇 마디만 익힌 뒤 배에 올라 장사를 하고 있는 것이었다. _《경향신문》 2015년 10월 20일자

안타까운 점은 위의 기사가 오보의 재생산을 막지는 못하고 있다는 것이다. 2016년 봄 이러한 상행위에 대해서 단둥사람들의 자성의 목소리가 나왔고 한때 영업을 중단했었다. 그러나 얼마 지나지 않아서 "불법을 가장한 이벤트성 상행위"는 다시 등장하고 말았다. 한국이나 외국 언론은 이를 두고 여전히 북한사람들의 밀수 행위로 보도하고 있다.

압록강에
발 담그고
과일을 먹자!

나는 인류학을 전공한 가이드

10년 전 나는 국경 무역과 관광을 박사 논문의 핵심 주제로 고민하고 있었다. 때문에 단둥에서 참여관찰의 일환으로 가이드 친구(주로 북한화교)들을 따라다니면서 무보수 보조 노릇을 하곤 했다. 그런데 언젠가부터 내가 마이크를 잡고 가이드를 하고 있다. 자칭 국경 가이드의 연차가 제법 쌓였다.

사람들은 묻곤 한다. "왜 힘들게 가이드 하세요?" 또는 학계 지인들은 "연구자는 연구자의 길을 걸어야지! 시간 낭비 하지 마세요."라는 충고를 나에게 해준다. 그때마다 "논문도 쓰고 있어요. 기이드

1 나는 연구자이자 관광 가이드로서 동행한 사람들에게 압록강과 국경을 터전으로 살아가고 있는 네 집단의 삶을 이야기한다. 우리는 분단과 통일을 함께 고민한다. 나는 압록강에 대한 선입견 들이 하나하나 사라지기를 희망한다(2013년).

일은 연구대상을 만나기에 좋은 참여관찰 방식이기도 합니다."라고 웃으면서 대답한다.

친한 사람들에게는 농담을 덧붙인다.

> 논문은 심사위원들만 읽는다는 말도 있잖아요! 가이드를 하면, 버스에 탄 20~30명의 사람들이 그동안 제가 연구한 내용을 어쩔 수 없이 4박 5일 내내 들을 수밖에 없어요. 여행 마지막 날쯤 되면, 여행을 함께 한 분들이 중·조 국경지역과 관련된 사례를 듣고 직접 체험하면서 한국 사회의 고정관념이 무너졌다는 말을 해줄 때에 저는 힘들지만 행복합니다.

물론 나는 가이드를 생업으로 하지 않는다. 1년에 두세 번 정도 주변의 지인들과 뜻이 맞아 압록강 그리고 때로는 두만강으로 여행을 떠나는 경우가 거의 대부분이다. 다른 답사팀과 비교해보면 규모도 작은 편이다. 매년 중·조 국경지역과 만주지역으로 대규모 답사팀을 보내는 "삼둥이 할머니"(김을동 전 국회의원)가 부러울 때도 있지만, 나는 가이드를 할 수 있는 기회가 주어질 때마다 현장에 가서 최선을 다한다. 그런데 나 스스로 국경 가이드를 해야겠다고 다짐하는 이유가 하나 더 있다. 그 이유는, 단둥이 한국의 안보교육 현장만이 아님을 알려주고 싶기 때문이다.

2 중국사람은 압록강에 발 담그고 북한산 대동강맥주를 마신다. 한국사람은 압록강에 가서 무엇을 할까? (2014년).

단둥, 한국의 안보교육 현장으로 자리매김

남북의 만남이 이루어지는 단둥의 현장들이 한국 사회에서 왜곡되거나 외면당하는 현실이 몹시 답답하다. 이보다 더 가슴이 아픈 모습들이 있다. 10년 넘게 압록강변을 돌아다니다보면, 어른들뿐만 아니라 한국의 다양한 단체와 학교가 "애국" 혹은 "안보"의 이름으로 기획한 "북·중(중·조) 국경 답사"에 참가한 청소년들을 만날 수 있다. 정치인들은 단둥이 "통일 안보 현장"이 되기를 희망하기도 한다. 기사 내용을 들여다보면, 통일보다는 안보가 더 강조되고 있다.

> 중국 방문 중인 김문수 경기지사가 단둥 현장시찰을 마치고 "단둥은 통일안보의 현장이며 보다 많은 사람들이 와서 북한과 중국의 현실을 알 수 있도록 노력하겠다."고 밝혔다. [...] 특히 그는 "북한에 항상 말하는 것인데 정말 자신들의 눈앞에 보이는 중국만큼만 따라 했으면 한다."고 덧붙였다. _《중앙일보》 2011년 7월 10일자

특히 여름방학 때가 되면, 약 800명을 태울 수 있는 단둥페리의 표를 구하기 힘들다. 성인 혹은 청소년으로 구성된 한국 답사팀은 압록강에서 중국 단둥과 비교되는 북한 신의주의 열악한 경제상황을 눈으로 확인한다. 그뿐만 아니라 그들의 대부분은 중국 가이드로부터 한국 사회에서 소비되고 있는 "북한의 낙후된 이미지"나 "폐쇄된 국경"

등의 이야기만 듣고 압록강은 무서운 국경으로만 인식하고 한국으로 돌아간다. 하지만 압록강변의 삶의 현장에 더 가까이 가고자 한다면, 중·조 국경지역은 우리들에게 더 많은 이야기를 들려주는 곳이다.

압록강이 통일과 평화 교육의 현장이 되기를 희망하면서

나는 압록강을 찾는 한국사람들에게 안보 교육의 현장만 되고 있는 현실의 벽을 조금이나마 허물고 싶었다. 몇 년 동안, 나는 남북 만남의 현장인 단둥의 속살을 눈으로 확인하게 해주고 압록강 지역 또한 사람이 사는 곳임을 보여주고자 노력을 했다. 틀에 박힌 설명만 하는 가이드가 아닌 국경지역의 삶과 관련된 체험을 할 수 있는 곳으로 안내하는 역할에 중점을 두었다.

2014년 여름에는 일명 "압록강에 발 담그고 과일을 먹자!"라는 주제에 동참한 35명의 지인들과 더불어 나의 가족도 함께 했다.

여행의 첫날, 난생 처음 압록강을 본 초등학교 1학년 아들은 "북한 무섭지 않아? 압록강에 들어가도 돼? 티비에서 북한사람은 무섭다고 했는데!"라는 반응을 보였다. 하지만 5박 6일 동안 기회가 될 때마다 아들은 나와 함께 압록강에 발을 담그고 과일을 먹었다. 때로는 한바탕 어른들과 같이 물놀이도 하였다. 강 건너 북한 아이들도 자기와 똑같이 물놀이하는 모습을 보면

3 여행 첫날 압록강과 북한을 무서워하던 아들은 여행 사흘째가 되자 강 건너 북한 아이들이 물놀이를 하는 압록강에 스스로 발을 담그고 물놀이를 했다(2014년).

서 아들은 더 이상 "압록강과 북한사람이 무섭지 않네." 하며 웃었다.

아들이 보인 의외의 첫 반응에 나는 적잖이 당황했다. 그러면서 나는 "압록강을 저렇게 바라보는 아들의 생각은 어디에서 온 걸까?"와 "한국 사회의 어떤 면을 보여주는 것일까?"라는 고민을 하게 되었다. 어쩌면 북한과 압록강을 바라보는 아들의 눈은 한국의 대중매체가 만들어주었다고 해도 과언이 아닐 것이다. 하지만 아들의 생각은 체험을 통해서 바뀌었다.

한편, 대중매체의 영향력은 학생뿐만 아니라 학부모들에게도 있었다. 한 해에 한두 번은 중학생과 대학생들의 압록강 답사계획을 도와주다가도 학생들이 모집되지 않아 무산된 경험도 했다. "압록강은 위험하다."라는 학부모들의 주장 때문이었다. 그때마다 힘이 빠졌지만 "압록강과 북한사람이 무섭지 않네."라는 아들의 한 마디는 나에게 힘이 되었다. 나는 꾸준히 청소년들과 함께 떠나는 압록강 여행을 상상했고 2015년 여름에 그 꿈을 이루었다.

지금부터 "청소년 통일 공감 프로젝트"라는 취지하에 어린이깨 동무와 함께 준비했던 프로그램의 기획안을 간략하게 소개하겠다. 청소년들은 4박 5일 가운데 2박 3일을 단둥에 머물면서 인류학의 핵심적인 방법론인 참여관찰을 해보도록 일정을 짰다. 나는 청소년들이 한 지역에 더 머물면서 국경에 기대어 사는 사람들의 삶의 현장으로 한 걸음 더 들어가기를 바랐다. 압록강에서 북한만 바라보는 여행이 되지 않기를 희망하는 마음을 담았다.

국경지역의 삶의 단면들, 참여관찰 시도하기

주요 일정은 퉁화(1박)−백두산−퉁화(2박)−지안−단둥(3박, 4박)이다. 청소년들은 만주 벌판을 달려가 백두산 천지와 압록강 상류 그리고 광개토대왕비와 장수왕릉을 눈으로 확인하고, 압록강 중류에 위치한 북한의 만포시를 뒤로 한 채 단둥으로 향한다. 버스에서 각자 한국에서 미리 공부한 압록강 지식을 발표하다가 버스를 잠시 세우고 압록강에서 발 담그고 과일을 먹을 계획을 세웠다. 물론 북한과 중국 아이들이 수영을 하는 압록강에서 한국 청소년들도 물놀이를 할 수 있다.

중·조 국경의 특징과 현황을 이해하는 것으로 단둥에서의 첫날 참여관찰을 시작한다. 먼저 의주와 북한의 섬 사이를 가로지르는 유람선 위에서 청소년들은, 압록강은 중국과 북한이 공유하고 있다는 사실을 이미 알고 있는 자신들과 그 사실을 모르고 있는 다른 한국 관광객들의 반응을 비교하고 그 차이가 의미하는 바를 파악할 것이다.

청소년들은 휴전선과 비슷한 철조망도 보겠지만 철조망이 중간중간 끊어져 있는 장면도 관찰하고, 한국의 DMZ(대성동 마을 예외)와는 달리 철조망 너머 강변과 강에서 북한사람과 중국사람들이 살아가는 삶의 현장도 기록할 것이다. 단둥에는 북·중 무역을 통해

4 단둥의 상점엔 삼국의 물건이 공존하고 있다(2015년).
5 단둥의 호텔에서는 북한과 한국사람이 섞여서 아침을 먹는다(2015년).
6 최고급 북한화교 식당을 한번 이용하는 것도 기존의 중·조 국경에 대한 선입견을 허무는 계기
   가 될 수 있다(2013년).

서 부를 획득한 북한화교들이 많다. 그들의 삶을 이해하기 위해서 최고급 북한화교 식당(신안동각)에서 식사를 할 것이다.

이틀째에는 국경 무역의 현장에 들어가 본다. 비즈니스호텔에서 북한의 무역일꾼들과 섞여 조식을 마친 그들은 조별로 나누어서 근처의 조선족거리(일명 조선거리)를 돌아다닐 것이다. 북한사람들이 주 고객인 상점들의 다양한 한국 물건들의 목록에 관심을 기울이고, 조선족과 북한화교가 운영하는 무역 상점에도 들어가서 물건도 사볼 것을 미리 권유한다. 단둥역과 세관 주변에서 북한사람들의 귀국 혹은 입국 행렬을 참여관찰한 그들은 버스로 이동해서 단둥 시내 외곽에 위치한 신압록강대교와 북한 황금평의 의미를 파악할 것이다.

버스 창 너머로 중국 공장에서 일하는 북한 해외노동자들이 이동하는 모습이나 저녁 때 우연히 들르는 중국 식당에서도 북한 여종업원들이 근무하는 모습을 볼 수도 있다. 압록강 공원에 모인 그들은 어두워진 강변에서 통일과 평화를 기원하는 글자를 새긴 "풍등"(소원등)을 압록강과 신의주의 하늘로 날려 보낼 계획이다. 강변을 한 시간 넘게 산책하면서 학생들은 중국사람들의 다양한 여가 활동을 간접 체험할 수도 있다.

여행의 마지막 날, 단둥 한인회와 한글학교를 방문한 그들은 단둥에서 살고 있는 또래의 한국 학생들의 중국학교 생활도 들어보고 국경 무역에 종사하는 한국 분들과 짧은 인터뷰를 시도해 볼 것이다. 여행의 마무리는 손기정 선수가 신의주에서 단둥(당시의 지명은

7 한국사람도 압록강에 발을 담글 수 있다(2015년).

안동)으로 출퇴근을 하면서 마라톤 연습을 했던 압록강단교에 올라 가는 것이다.

단둥, 안보가 아닌 통일의 현장

이와 같이 준비한 일정의 큰 뼈대 하에서, 2015년 한여름 청소년들 은 약식이지만 참여관찰을 경험했다. 오히려 그들은 계획과 예상을 뛰어넘어 다양한 국경지역의 삶의 단면들을 찾아다녔고 그 의미들 을 파악하기 위해 노력하는 모습을 보였다.

선양공항으로 향하는 버스 안에서 그들은 이구동성으로 "백두산 도 좋았지만, 생각하지 못했던 압록강과 단둥시내에서 통일을 고민 할 수 있는 다양한 사례를 접하게 된 사실이 더 좋았다."라는 말을 하면서 각자의 답사 내용을 공유하고 그 속에서 의미를 찾았다.

다음은 "어깨동무" 가을 소식지에 실린 학생의 글 일부분이다. "압록강은 내 생각과 달리 평화로웠다."로 시작한다.

내가 생각했던 압록강은 거리마다 군인들이 서 있고, 철조망으 로 뒤덮여 있는 압록강이었는데 내 생각과 달리 평화로웠다. 너 무 평화로워서 잠시 멍했다. 나 자신도 모르게 고정관념을 가지 고 북한을 생각했던 것 같다. 압록강 건너편에는 북한 주민이 농사를 짓고 있었다. 우리는 압록강에서 물놀이도 하고 사진도 찍고 재밌게 놀았다.

압록강에 발 담그고 과일을 먹자!

그 이외에도 청소년들은 "많은 사람들이 집안과 단둥에 와서 오해를 풀고 하루 빨리 통일이 되기"를 기원하기도 하고 "국경을 빼고, 사람 대 사람으로 만나 서로의 감정을 느낄 수 있었던 압록강이 나는 인간적이라고 느꼈다."고 후기에 적기도 했다. 그들이 본 압록강은 달랐다. 보통 답사팀이 소화하기에 바쁜 빠듯한 일정 속에서 내면화된 고정관념으로 압록강 너머 북한만을 바라보고 남기는 여행담 속의 풍경과는 분명 달랐다.

이렇게 같은 지역에 갔지만 다른 생각과 인상을 가지고 돌아오는 차이를 극복하는 방법은 무엇이 있을까? 압록강을 찾고 그 곳에서 남북 관계와 통일을 고민할 때 한 가지 사실을 인지하고 경험만 해도 단둥은 안보가 아닌 통일을 느낄 수 있는 현장으로 다가온다. 거창한 이야기가 아니다.

인천공항에서 헤어지면서 내가 "압록강은~"라고 묻자, 청소년들은 환하게 웃으면서 "공유한다!"고 화답했다. "하나 더! 압록강에~"라고 외치자, 그들은 "발 담그고 과일 먹자!"라고 응답한 뒤 각자의 집으로 향했다.

남북 만남의
디딤돌은
바로 네 집단

5·24 조치와 대북사업가의 고민

인천의 "제1국제여객터미널"은 중국 단둥으로 일주일에 세 번 출항하는 단둥페리가 정박한다. 2015년에 그곳에서 북한 관련 사업 및 무역을 시작한 지 20년이 넘은 노년의 대북사업가를 만난 적이 있다. 그는 대북사업 1세대에 속한다. 그와 악수를 하면서 5년 전을 회상했다.

5·24 조치 때문에 그가 북한의 공장에 투자한 금액을 회수하지 못해 동분서주하는 모습을 보면서, 나는 그가 잠시 지나가는 어려움을 겪는 거라고 생각했다. 그것은 나의 착각이었다. 그는 5년 넘

1 조선족거리에 위치한 주방용품 도매점의 한국 물건들. 이런 가게에서 가장 인기 있는 물건은 북
   한사람들이 좋아한다는 한국산 ○○밥솥이다(2011년).

게 5·24 조치 해제를 기다리고 있다. 그렇다고 두 손을 놓고 있지는
않았다. 규모는 줄어들었지만 간접적으로 여전히 대북사업을 하고
있다.

한국의 재고 의류를 단둥을 경유해서 북한으로 보내기 위해 서
류를 검토하던 그가 나에게 "5·24 조치에 대해서 어떻게 생각하느
냐?"고 물었다.

해제 이후, 민간 차원의 남북의 만남이 걱정됩니다. 지금부터
준비해야 되지 않을까요? 단둥과 네 집단의 역할이 있다고 생
각합니다.

5·24 조치가 언제 해제 될지를 예측하기 힘든 상황에서 내가 생각
해도 생뚱맞은 대답에 그는 화답했다.

그래 맞아! 너무 긴 세월이 지나가고 있어! 5·24 조치에 대한
해제의 목소리를 높여야 하지만 동시에 해제 이후에 어떻게 남
과 북이 만나고 경제활동을 할지에 대한 고민이 필요해. 우리는
몇 년째 제자리걸음을 하고 있지만, 요즘 단둥에서 북한 무역대
표 또는 대북사업가인 조선족과 북한화교들을 만나면 그들이
변하고 있다는 것을 피부로 느껴. 그동안 국경 무역과 관련된
사업 노하우가 쌓인 그들을 한국의 젊은 사업가들이 감당을 할
수 있을까?

경제활동은 곧 사람과 사람의 만남에서 출발을 하는데 말이지. 해제 후 남북의 물류가 배와 비행기를 통해 연결이 된다고 능사는 아니지! 지금이야말로 단둥을 북·중 무역이 아닌 삼국(북한, 중국, 한국) 무역의 메카로 만들어오고 있는 우리와 같은 대북 사업가들(단둥 거주 한국사람)의 경험에 한국의 많은 사람들이 귀 기울여 주었으면 좋겠는데, 아무도 관심이 없는 것 같아!

그는 마지막으로 한마디를 덧붙였다.

단둥의 국경 무역 구조의 역사와 현재를 정확히 이해하는 것이 5·24 조치 해제 이후를 준비하는 첫걸음이자 해제의 명분들을 확보하는 지름길이 아닐까?

5·24 조치 해제의 명분은 많다

(문 대표는) "5·24 조치로 남북 관계가 멈춘 동안, 중국은 북한의 경제 개발과정에서 우선권을 획득하고 있다"라며 "지금 남북 관계가 개선되지 않는다면, 중국에 뒤쳐져 따라잡기 어려워질 것이라는 전문가들의 우려가 높다"라고 평했다. [...] 그는 "5·24 조치로 북한경제가 타격을 입은 것이 아니라 우리 기업들만 손해 봤고 북한의 중국 의존도만 높였다"라며 "이렇게 5·24 조치가 6년째 경제협력의 발목을 잡고 우리 기업에게 피해를 주고

있다"라고 덧붙였다. _《일요신문》 2015년 11월 17일자

이는 한 정치가의 의견이 아니고 5·24 조치 해제를 희망하는 사람들과 시민단체들의 공통된 생각이다. 이처럼 해제의 명분은 "남측의 경제적 피해" 가운데 "우리 기업의 피해"를 강조하는 것으로 귀결되는 모양새이다. 해제의 명분을 주장하는 또 다른 목소리를 찾기가 쉽지 않다. 나는 무엇인가 부족하다는 느낌을 떨칠 수가 없다.

과연 5·24 조치 해제 이전에 북한의 변화를 먼저 요구하는 정부의 입장이 바뀔까? 과거 남북의 경제적 교류에 대해서 일방적 퍼주기로 오해하고 있는 국민들의 동참과 여론을 이끌어낼 수 있을까? 그렇다면 5·24 조치 해제와 관련된 명분과 이유를 더 구체화하는 노력이 필요하지 않을까? 남북 교류에 대한 다양한 선입견과 편견을 극복하는 시도가 필요하지 않을까?

단둥, 남북의 경제 교류를 들여다보는 거울

한국 사회는 단둥에 대한 두 가지 잘못된 정보를 그대로 받아들이고 인용하고 있다. 하나는 5·24 조치 이전에도 그랬지만, 연구자들이 국경 무역을 북·중 무역으로만 보는 것이다. 다른 하나는 2010년 이후 한국 언론은 단둥에서 대북무역을 하는 한국사람이 없다고 보도한다. 이러한 연구와 시각이 주류인 한국 사회는 5·24 조치라는 장벽의 균열과 틈을 통해서 여전히 실천되고 있는 남북

　　　　　　　　　　　　　남북 만남의 디딤돌은 바로 네 집단

교류의 실상을 보지 못하고 있고 외면하고 있다.

예를 들어 김병연 서울대 경제학부 교수는 「중국의 대북무역과 투자: 단둥시 현지 기업조사를 중심으로」에서 단둥의 의미를 북·중 관계와 무역으로만 한정하고 있다. 그는 설문지 분류를 설명하면서 "한국계를 비롯한 기타 기업 25개(14%)"을 "기타" 항목으로 처리한다. 또한 86%를 차지하는 중국 회사 가운데 실소유주 혹은 주 거래처가 한국 기업인지 아닌지를 구분하지 않고 있다. 그는 단둥에서 한국을 지우고 있는 셈이다. 그는 이를 바탕으로 중국 기업의 대북무역과 투자를 분석했다. 하지만 단둥의 국경 무역에서 한국사람은 기타가 아니고 주체이다. 아래의 두 기사도 사실에 근거를 둔 내용이 아니다.

> 압록강 하류의 중국 항구도시 단둥丹東. 여기서 강을 건너 신의주를 거치면 곧바로 평양까지 갈 수 있어 북·중 교역의 상징과도 같다. 양국 무역의 80% 정도가 단둥항과 세관을 통해 이뤄져 '북한 변수'에 가장 민감한 도시이기도 하다. _《한국일보》 2015년 11월 13일자

> 5·24 조치로 장벽에 갇힌 것은 북한만이 아닌 듯하다. 북·중 접경무역의 한 축을 거머쥐었던 한국 기업가들이 20여 년 동안 터 닦은 접경지역에서 지도에도 없는 변경으로 밀려났으니 말이다. _《한겨레 21》 2015년 3월 19일자

하지만 2015년의 단둥은 북·중 무역만이 존재하는 지역이 아니다. 5·24 조치가 단둥에서 대북무역에 종사하는 한국사람 모두를 사라지게 하지는 못했다. 5·24 조치 이후에도 북·중 무역의 통계에는 보이지 않는 북한사람과 한국사람의 경제 교류가 녹아 있다. 소위 북·중 무역의 통계 추정치를 들여다보면, 북한의 두번째 수출품은 의류다. 2015년 의류 수출 비중은 전체 수출의 30%를 넘는다.

대북사업가인 조선족과 한국사람들은 "북한에서 생산된 의류 제품은 영업 이익을 고려할 때, 중국 내수용이 아닌 미국과 일본을 포함한 한국으로 대부분 수출되기 때문에 이를 두고 단순히 북·중 무역으로만 해석할 수 없다."고 이야기한다.

추가적으로 그들에겐 "중국과 한국의 원단을 제공해서 평양에서 만든 제품들은 단둥의 보세창고를 경유해서 한국을 포함한 제3국으로 수출하는 것이 더 이익이 된다. 중국의 관세 혜택이 있기 때문이다. 이 과정에서 5·24 조치의 법망을 피해갈 수 있는 방식은 많다."라는 설명도 덧붙인다.*

이는 단둥을 북·중 무역의 한정된 시각으로 바라보는 것과 5·24 조치의 실효성에 의문을 제기할 수 있는 실마리이기도 하다. 더 나아가 단둥의 무역 구조와 현주소를 정확하게 파악하는 것은 해제

---

* 2016년 한국 정부는 제 3국을 우회해서 위장 반입되고 있는 북한산 물건에 대해서 단속을 강화한다고 발표했다. 대부분의 언론에서 2010년부터 2015년 10월까지 적발된 건수인 71건에 주목을 한다. 그러나 처벌된 건수는 총 16건이다. 적발과 처벌의 규모가 다른 이유는 북한산으로 의심되지만 제 3국 원산지 증명이 있기 때문이다.

남북 만남의 디딤돌은 바로 네 집단

2 5·24 조치 이후에도 단둥은 삼국의 사람들과 국기가 공존하는 곳이다(2015년).

의 명분들을 알아가는 출발점이다.

5·24 조치 해제의 명분들을 열거하자

"그들은 오늘도 경의선 통과가 상징하는 국경 넘나들기라는 내용과
그 역할을 단둥에서 실천하고 있다."(『나는 오늘도 국경을 만들고 허문
다』)로 마무리한 나의 책은 2013년 10월에 초판을 찍었다. 때문에
2010년 5·24 조치 이후의 단둥의 변화상을 부분적으로만 다룰 수
밖에 없었다.

이를 보완하고 후속 연구의 일환으로, 나는 2010년 이후에 "삼국
을 연결하는 네 집단의 경제활동과 관련되어 어떤 변화가 있는지
혹은 다른 현상을 주목해야 하는지를 고민해왔다. 이를 바탕으로,
앞에서 인용한 "우리 기업의 피해" 만이 강조되는 해제의 명분에 뼈
와 살을 붙여보겠다.

1992년 한·중 수교 전후부터 2010년 5·24 조치 이전까지 단둥
은 남북 교류가 실천되고 펼쳐지는 실질적 장이었고 남북 교류가
"일방적 퍼주기"가 아니었고 북한의 노동력 활용에 대한 대가代價임
을 보여주는 수많은 사례가 있다.

2010년 이후, "또 하나의 개성공단"의 역할을 하고 있는 단둥을
들여다보면, 5·24 조치가 북한에 대한 경제적 봉쇄의 역할을 하지
못하고 있음을 알 수 있다. 오히려 한국 기업의 경제활동 이익이 줄
어드는 악영향을 끼칠 뿐더러 국민의 경제적 삶에도 지간접적으로

3 5·24 조치 이후 조선족거리의 변화는 무엇이 있을까? 분명한 것은 한국사람과 한국제품이 사라지지는 않았다는 것이다(2014년).

손해를 입히고 있음을 파악할 수 있다.

5·24 조치 이후에도 단둥은 삼국(북한, 중국, 한국) 무역의 구조와 시스템을 유지하고 있다. 이를 통해서 해제 이후의 청사진을 그릴 수 있는 곳이 단둥이다. 그것도 남북의 경제 교류를 다시 시작하지 않아도 되는 지역이다. 그곳에 북한화교와 조선족뿐만 아니라 북한사람과 한국사람 즉 네 집단이 있기 때문이다.

단둥에서 남북의 만남을 준비하자

2010년부터 5·24 조치가 남과 북의 만남을 막고 있다. 그 결과 공식적으로 남북의 경제적 교류는 짧은 헤어짐이 아닌 긴 이별이 되고 말았다. 이쯤에서 우리는 무엇을 생각해야 할까? 해제 후 만나면 모든 것이 해결 될까? 아니다. 긴 세월 헤어졌던 사람을 만날 때 쉽게 범하는 실수가 상대방을 예전의 모습으로 대하는 것이다.

마찬가지로 5·24 조치 해제 이후 민간 차원의 남북의 만남은 2010년 이전 모습 그대로는 아닐 것이다. 북한 사회와 북한사람의 변한 모습을 미리 파악하고 준비하지 않으면 그 만남은 어색하고 불편할 것이다. 5·24 조치 해제만을 주장하면서 만남을 막연히 기다리면 안 된다.

5·24 조치 이후에도 단둥에서는 북한의 변화를 직간접적으로 파악할 수 있고 북한 무역일꾼과 대표들이 살아가는 방식을 볼 수 있다. 한국사람들은 사업 파트너인 북한 대표 혹은 무역일꾼들과의

남북 만남의 디딤돌은 바로 네 집단

4 단둥 세관 거리. 북 · 중 무역만이 있는 것은 아니다(2015년).
5 단둥의 어느 무역 회사의 사무실. "북한"이라는 단어는 한국사람말고는 잘 사용하지 않는 단어
  이다(2009년).

끈을 비공식적으로 이어가고 있다. 북한 무역일꾼들은 몇 년 사이에 국경 무역의 노하우를 빠르게 습득하고 있고, 북한화교와 조선족 들은 이들에 대응하는 방식을 알고 있고 이를 통해서 이익을 추구하고 있다.

네 집단의 관계맺음은 현재진행형이고 남북 교류의 축소판이다. 그들은 남북 교류의 디딤돌이다. 5·24 조치 해제의 명분을 구체화하고 열거할 수 있는 사례들을 제공할 뿐만 아니라 해제 이후 예상되는 남북의 다양한 만남들을 준비할 수 있는 공간이 바로 단둥이다.

단둥엔
한국사람보다
북한사람이 더 많다

단둥에선 여전히 남북이 공존하고 교류한다

2000년 여름 한 달 두만강변과 만주벌판의 어느 산속 움막에서 현
지조사를 했다. 그곳에서 탈북 청소년들을 만나 그들의 이야기를
들었다. 그 후 2006년 가을, 단둥의 민박집에서 박사 논문을 위한
장기 현지조사를 시작했다. 북한 아줌마가 옆방에서 숙식을 해결하
면서 나에게 아침밥을 해주었다. 한 달 뒤, 나는 그녀가 파출부 일
을 통해서 번 돈을 가지고 구입한 한국 물건을 여러 가방에 나누어
담아서 가족이 있는 신의주로 돌아가는 모습을 지켜보았다.

일 년이 넘는 기간 동안, 나는 북한사람과 한국사람이 함께 하

는 모임과 술자리에 수시로 동석을 할 수 있었다. 그들의 대화 내용은 서로를 알아가는 관계맺음과 북한과 한국을 연결하는 국경 무역 방식들이 대부분을 차지하였다. 단둥은 그들의 만남을 일상적으로 참여관찰할 수 있던 공간이었다.

2010년 5·24 조치는 한반도에서 남북이 멀어지도록 하고 있지만, 2006년과 비교해서 2015년 전후 남북이 공존하고 교류하는 단둥은 여전했다. 다시 찾은 민박집에서 압록강 건너 신의주에서 들려오는 아침 노래 방송과 닭 울음소리를 들을 수 있다. 그것이 전부가 아니다.

한국사람이 많이 사는 지역의 아파트 구멍가게에는 "북조선 계란 판매" 문구가 있다. 늘 그랬던 것처럼 한국사람은 북한의 대동강 맥주를 마시고 북한사람은 슈퍼에서 한국산 우유를 구입하고 있다. 그들은 삼국의 국기가 걸려 있는 식당에서 스스럼없이 함께 식사를 하고 있고, 사우나에서 서로의 벗은 몸을 보면서 때를 미는 곳이 단둥이다. 달라진 것도 하나 있다. 2015년 8월 이후 압록강을 사이에 두고 시차가 한 시간에서 30분으로 줄어들었다.

북한 노동자와 함께 하는 고기 잔치를 꿈꾸며

단둥의 변화를 하나 더 이야기를 한다면, 북한 해외노동자들이 근무하는 중국 공장(봉제, 수산물, 전기·전자)들이 2010년을 전후해서 증가하고 있다는 것이다. 이런 공장을 운영하는 조선족과 북한화교

1-1/1-2 단둥에서 한국사람은 북한의 대동강맥주를 구입하고 북한사람은 한국산 우유를 마신다 (2015년).
2 삼국의 국기가 걸려 있는 식당들에서 네 집단이 따로 또 같이 식사를 한다(2013년).

는 나에게 북한 해외노동자의 계약서들을 보여주기도 하고 그녀들의 삶을 간접적으로 전해준다. 덕분에 나는 그녀들의 근무 환경 및 식단 메뉴를 수첩에 적을 수 있고, 그들이 외출을 하면 주로 어디에 가고 무엇을 구입하는지 알고 있다.

예를 들어 말하자면 그녀들은 단둥 생활 1년 차에는 북한의 부모님과 가족을 위해서 물건을 구입한다. 2년 차에는 자신들이 필요한 생필품을 숙소 한 구석에 하나 둘 모으고, 3년 차에는 북한에 돌아가 장마당에 팔 수 있는 가전제품 등을 주로 쇼핑한다. 그녀들의 대형 귀국가방은 최소 2~3개가 필요하다.

그녀들의 가방에 담긴 물건들은 북·중 무역 통계에 대부분 잡히지 않는다. 그들은 한국 물건과 중국 물건을 구분하지 않는다. 개성공단의 경우 달러가 북한으로 유입되어 그들의 경제에 영향을 끼친 것에 비해, 단둥에서는 북한 해외노동자들이 현지에서 달러로 물건을 구매하고, 다시 이 물건이 북한의 "장마당"에서 판매되며 영향을 끼친다. 이런 점을 고려하지 않고 한국에서는 제한적이고 정확하지도 않은 통계를 통해서 북한 경제를 분석하고 있다는 것을 알 수 있다.

그녀들의 계약서에 담긴 인건비 액수는 단둥이 "또 하나의 개성공단"임을 보여주고, 그녀들의 월급 사용 방식을 들여다보면 북한 사회에 미치는 경제적 효과는 개성공단을 뛰어넘음을 미루어 짐작할 수 있다. 그렇기 때문에 나에게 단둥의 북한 해외노동자에 대한 참여관찰은 참을 수 없는 유혹이다. 이를 알기에 내가 가면 조선족

3 구멍가게에서 북한 계란이 판매되고 있다(2015년).
4 단둥 민박집에선 신의주의 일출을 보고 그곳의 닭울음소리를 듣는다(2014년).

과 북한화교는 수시로 함께 공장에 가자고 권유한다.

> 오늘 공장에서 5명의 조선(북한)노동자들을 위해서 생일잔치가 있는데 가자? 내일 저녁 때 돼지 한 마리를 잡아서 공장 마당에서 고기를 구울 계획인데 함께 하지? 핸드폰 보여줄까? 이 사진은 지난 달 고기 구워 먹는 모습인데 이 친구들이 춤과 노래를 잘해요. 일하는 모습도 봐야지, 자네 인류학자잖아!

그때마다, 나는 순간 일탈을 고민하지만 허탈한 웃음을 지으면서 대답한다.

> (5·24 조치가) 해제되면, 바로 오겠습니다. 돼지 한 마리를 사 가지고 공장에 가서 북한 노동자와 함께 마음껏 고기 잔치를 합시다. 대신에 오늘은 그동안 있었던 그들을 보면서 느낀 점들을 이야기해주세요. 요즘 공장에 하청을 주는 회사는 한국 회사에요? 아니면 미국 회사에요? 북한 여공들이 만든 메이드 인 차이나 옷을 한국에 수출하고 남은 것이 있으면 하나 주세요.

공장 앞마당에서 북한 해외노동자와 함께 먹고 마시는 고기 잔치를 포기했지만, 그렇다고 해서 단둥에 거주하는 북한사람에 대한 연구를 중단한 적은 없다. 공장에만 북한사람이 있는 것이 아니다. 북한식당, 호텔, 식당과 술집, 사우나, 무역상점, 세관과 기차역 주

5 북한사람들이 이용하는 단둥의 비즈니스호텔이 늘어나고 있다(2015년).
6 단둥의 북한사람들이 애용하는 사우나 가운데 하나이다. 이곳에서 북한사람과 한국사람이 함께 목욕을 한다(2015년).

변, 조선족거리, 도매시장, 신시가지, 보세창고 등에서 나는 현지조사를 하고 있다.

그곳에 가면 5·24 조치의 굴레에서 벗어나 북한사람을 직접 만나지 않아도 그들이 사는 모습을 마주칠 수 있기 때문이다. 가령, 나의 단둥 지인들은 친구이자 동료인 북한사람들과 자주 만난다. 식당 옆 테이블에는 나의 단둥 지인들과 함께 삼계탕을 먹는 북한사람들을 볼 수 있고 그들의 대화는 자연스럽게 들린다. 한국사람이 사장인 상점의 단골들은 북한사람들이다.

물론 이런 참여관찰 방식이 예전을 생각하면 성에 차지 않는다. 참, 아직 안 가본 곳이 있다. 당구장이다. 한국에서 북한화교 C에게 전화를 하면 그는 "당구장에서 북한사람과 접대 당구를 하고 있다." 고 말한다.

단둥에 북한사람이 존재하는 의미

외교부는 "2014년 전 세계에 거주하는 재외동포가 718만 명을 넘었다."고 발표했다(《연합뉴스》 2015년 10월 12일자). "런던 남서쪽에 위치한 뉴몰든은 영국의 대표적인 한인 타운이다. 1000여명의 탈북 주민도 뉴몰든에 살고 있다."고 한다(《미디어오늘》 2015년 11월 10일자). "북한은 약 16개국에 5만~6만 명의 노동자를 내보낸 것으로 추산된다."는 기사도 있다(《연합뉴스》 2015년 9월 16일자).

이런 내용들을 접할 때마다 나는 두만강변의 중국 국경도시들을 포함해서 아프리카, 중동, 러시아의 어느 도시에는 아마도 한국사람보다 북한사람이 더 많을지도 모르겠다는 생각을 해본다. 아니 그런 도시가 있다. 바로 단둥이다.

그곳에 살고 있는 네 집단 규모는 다음과 같았다.

> 2000년대 이래, 북한사람과 북한화교가 2,000명 이상, 조선족이 8,000명 이상, 한국사람이 2,000명 전후로 추산되고 있다. 조선족이 꾸준히 증가하는 것 외에는 2000년 이후 약 10년 동안 큰 변동이 없었다. _「나는 오늘도 국경을 만들고 허문다」 중에서

하지만 2010년 전후부터 네 집단 가운데 북한사람과 한국사람의 규모에 변화가 있다. 단둥에 거주 혹은 체류하는 기존의 북한사람과는 성격을 달리하는 북한 해외노동자들이 집단으로 근무하는 중국 공장들이 생기면서, 2,000명 이상을 유지하던 북한사람들이 약 2만여 명으로 늘어났다. 5·24 조치의 여파로 한국사람은 2,000명 수준에서 1,000명 미만으로 줄어든 것으로 파악되고 있다.

북한사람과 한국사람이 단둥에서 더불어 살아온 역사가 약 20년이 넘었다. 이를 시기별로 정리하면, 2010년 기준으로 전에는 그들의 규모가 비슷한 수준에서 유지되어왔다. 이후에는 한국사람보다 북한사람이 더 많이 살고 있는 대표적인 도시가 단둥임을 알 수 있다. 이는 "세계에서 가장 폐쇄적 국가"라는 이미지가 강한 북한에 대해서 "북한은 폐쇄적 국가는 맞다. 하지만 한국 사회가 생각하는

만큼 폐쇄적이지는 않다."를 설명할 수 있는 또 하나의 사례가 된다.

단둥의 한국사람 규모를 어떻게 읽어야 할까?

예전에는 중국의 동북 3성에는 북한사람으로는 탈북자만이 존재한다는 한국 사회의 인식이 강했다. 때문에 2010년 전에 나는 탈북자가 아닌 북한사람도 단둥에 존재한다는 사실을 한국 사회에 말하고 이야기할 필요가 있다는 문제의식을 가지고 있었다. 그런데 2010년 이후 풀어야할 숙제가 하나 더 생겼다.

단둥 한인회 이희행 회장이 나에게 한 말이 뇌리를 떠나지 않는다.

요즘 (5·24 조치) 현실에서 우리들(단둥의 한국사람)이 사는 방식을 있는 그대로 말하기에는 한계가 있잖아! 그래서 한국에서 온 사람들이 물어보면, 주변의 한국사람들은 그냥 한국사람의 규모가 줄어들었다는 말을 반복하곤 했지! 그러다보니 한국 사회는 단둥에 한국사람이 없다고 판단을 하는 것 같아. 한국 방송에서 북한 때문에 단둥을 위험한 곳으로 언급하다보니, 때로는 이곳에도 한국사람이 있다고 하면 몰랐다는 반응을 보이는 사람들도 있어요.

그들(한국 언론과 연구자)은 대북사업은 조선족과 북한화교들의 몫으로만 생각하고, 단둥에 한국사람이 살고 있는 이유에 대해서 관심이 없어. 그래서 나는 어쩌다 한국에서 한인회를 찾아오는 분들에게 마지막의 한마디를 꼭 해. 단둥에 한국사람이 있는 것을 잊지 말아달라고! 내가 해줄 수 있는 말이 이것 밖에 없는 현실이 너무 답답해!

5·24 조치에서 자유롭지 못한 단둥의 한국사람이 낯선 한국의 기자와 연구자에게 처음부터 한국 기준으로 위법 행위에 해당되는 "지금도 우리는 대북사업을 하고 있다."고 말할 사람은 아무도 없다. 그들은 서류상 합법적으로 혹은 편법으로 대북사업을 하는 방법을 알고 있다. 그것은 그들만의 사업 노하우에 해당이 된다. 이를 쉽게 언급할 사업가는 없다.

그들의 준비된 단골 답변은 "한국사람의 규모가 줄어들었다."는 말 뿐이다. 이런 정황을 한번쯤 생각했다면, 기사 내용은 다른 내용으로 채워지지 않을까? 하지만 단둥에 한 걸음 더 들어가기와 같은 노력은 한국 언론에서 찾아보기 힘들다.

2010년 이후 한국사람들이 단둥을 떠나거나 규모가 줄어들었다는 보도가 주를 이루고 있다.

2010년 북한과의 교역을 전면 중단시킨 5·24 조치가 나온 지 5년이 돼가면서 많은 한국 사업가들이 단둥을 떠났다. _《국민일보》 2015년 5월 17일자

한 때 단둥시내 식당과 호텔을 가득 채우던 한국인들은 썰물처럼 빠져나갔다. _《연합뉴스》 2015년 6월 19일자

틀린 설명은 아니다. 그렇다고 해서 맞는 설명도 아니다. "많은 한국사람이 단둥을 떠났다."와 "여전히 한국사람이 단둥에 있다." 중에서 어디에 무게를 두어야 할까? 확실한 것은 전자의 내용이 주로 강조되면서 부작용이 있다는 것이다. 예를 들어 한국사람이 단둥에 왜 지금도 있는지에 대해서 의문을 품지 않은 채, 국경 무역을 한국사람이 배제된 북·중 무역으로만 설명하는 기사 내용으로 이어지곤 한다.

그 결과 5·24 조치 이후에도 여전히 단둥에서 삼국을 연결하는 역할을 하고 있는 한국사람의 경제활동을 보지 못하는 벽으로 작용하고 있다. 이러한 문제의식 때문에 나는 "단둥에는 한국사람보다 북한사람이 더 많다."라는 말을 한 뒤, 잊지 않고 "한인회관이 이곳에도 있습니다."라는 추가 설명과 의미를 말한다.

단둥을 이해하기 위해서는 한 걸음 더 들어가기가 필요하다. 나는 현지조사를 갈 때마다 "자기 자신에 대한 정직한 이해에서 출발하여 사실보다는 진실에 주목하고 그 사람과 그 처지를 함께 이해하는 자세가 필요하다."는 신영복 선생의 격언을 떠올리곤 한다.

한·중 FTA와
남북 교류의
연결고리

한 · 중 FTA에 남북 교류의 길을 묻다

늦은 밤 아내가 "홈쇼핑에서 단둥에 있는 회사가 만든 겨울 코트를 판매하네. 예쁜데 하나 구입해도 될까?"라고 묻는다. 직업병이 도진 나는 아내에게 "회사 이름이 뭐지? 저 옷은 정말 중국에서 만들었을까? 아니면 북한에서 만든 것일까?"라는 질문을 한 뒤. 다시 "단둥의 북한 여공이 만든 것이 아닐까?"라는 혼잣말을 해본다. 아내는 "또 시작이다!"고 말하면서 고개를 돌린다.

채널을 돌리니, 〈잘살아보세〉라는 프로그램(《채널 A》 2015년 11월 28일)에서 한 탈북 여성이 입고 나온 옷이 화제였다. 그녀는 북한에

1 소녀시대 뮤직비디오가 흘러나오는 2013년 여름 신의주 압록강(2013년).
2 소녀시대 노래기 니오는 유람선은 신의주 깅변까지 집근한다(2013년).

서 입었던 옷을 그대로 입고 나왔다. 이를 두고 "남한 옷이래도 믿겠어! 북한의 최신 유행 패션, 보고도 믿기지 않는 북한 옷"이라는 자막과 함께 어느 남자 연예인은 "이런 옷이 북한에도 있어요?"라는 반응을 보였다. 나는 "저 옷은 한국 제품일까? 중국 제품일까? 북한 여공이 만들었고 한국에서도 팔렸던 옷일 수 있는데!"라는 상상의 날개를 펼쳤다.

며칠 뒤에 나는 한 달 전 평양에 갔다 온 조선족 H를 만났다. 그는 서울에 오자마자, 지인에게 "평양에서 아기 옷을 만들기 위해서 한국에서 유행하는 옷들이 필요한데, 같이 동대문에 갈 수 있니? 평양 사람들이 원하네!"라고 부탁을 하였다. 한편, 2015년 11월 마지막 날 한·중 FTA 비준 동의안이 국회를 통과했다.

이와 관련된 뉴스들이 쏟아지는 가운데, 한 기사가 눈에 들어온다.

> 남북한 경제 협력 사업의 아이콘인 개성공단이 한·중 자유무역협정(FTA)으로 재도약 기틀을 마련할 것으로 기대된다. 한·중 FTA가 발효되면 동시에 개성공단에서 생산되는 제품 310개 품목이 특혜 관세를 통해 가격 경쟁력을 더욱 높여 중국 수출길이 크게 확대될 것으로 전망되기 때문이다. _《헤럴드경제》 2015년 11월 19일자

위의 기사처럼 한·중 FTA와 남북 교류의 연결고리는 개성공단밖에 없는 것일까? 개성공단이 폐쇄된 지금은 그마저도 사라진 것일까?

3 단둥 보세창고는 삼국 무역의 중심에 있다(2014년).

그렇지는 않다. 한국 제품을 구매하고 소비하는 북한사람들과 북한 노동자가 생산한 물건을 사용하는 한국사람들이 여전히 존재한다는 것을 인식하고 있다면, 우리는 한·중 FTA와 남북 교류의 새로운 가능성에 대한 상상력을 키울 수 있다.

단둥 보세창고, 삼국 무역의 축약판

한국의 전문가들이 한·중 FTA와 관련되어 개성공단의 제품을 중국에 수출하는 효과 즉 미래를 언급할 때, 단둥사람들은 한·중 FTA를 북한과 관련된 삼국 무역의 확대와 활성화의 계기로 여긴다. 한·중 FTA를 놓고 그들은 다른 생각을 한다.

왜 그럴까? 무역의 방식은 복잡하기 때문에 때로는 무역 통계가 현장의 모든 것을 담아내지는 못한다. 한·중 무역과 북·중 무역으로만 바라보는 시각으로는 보이지 않는 모습이 단둥의 무역 현장에 가면 보인다. 먼저 이 국경지역에서 펼쳐지는 삼국 무역의 현주소를 이해해보자.

단둥에서는 의류 생산과 관련되어 중국 노동자를 활용하는 방법 이외에, 두 가지 방식이 더 있다. 하나는 평양 공장에서 생산하는 것이고, 다른 하나는 단둥 공장에서 북한 노동자를 고용해서 생산한다. 둘 다 북한의 노동력을 활용하는 공통점이 있다.

이렇게 만들어진 제품은 한국으로 수출하는 데 서류상 문제가 없다. 단둥사람들은 평양에서 생산된 제품에 "MADE IN CHINA"를 붙여서 한국에 수출하는 노하우가 있기 때문이다. 또한 이런 제품들이 한국에 수출되었다가 다시 중국 단둥으로 "땡처리" 방식으로 역수입되고 북한으로 넘어가는 경우도 있다.

따라서 앞에서 언급한, "한국 홈쇼핑에서 팔리는 중국 단둥 회사 제품"과 "방송에 출연한 탈북 여성의 패션"은 남북 경제 교류의 또 다른 장면일 수 있다. 그리고 통계에 보이지 않는 남북 교류가 가능한 것은 북한과 한국을 연결하는 조선족과 북한화교가 단둥에 있기 때문이다. 중국사람인 그들의 활동 때문에 북·중 무역 혹은 한·중 무역으로 보이지만 실질적으로는 북한사람과 한국사람이 개입되는 경우가 많다.

이러한 삼국 무역의 흐름을 이해할 수 있는 무역 현장 가운데 하나는 단둥 보세창고들이다. 5·24 조치 이전 단둥 보세창고는 중국을 경유하는 남북 경제 교류의 메카였다. 창고에는 무관세 혜택을 받는 북한 물건이 한국으로 수출될 날짜를 기다리곤 했다. 예외는 있었지만 보세창고에 쌓여 있는 물건의 모습 그대로가 삼국 무역을 보여주는 것이었다.

그러나 5·24 조치 이후, 단둥 보세창고들의 물건을 이해하기 위해서는 한 걸음 더 들어가서 보는 작업이 필요하다. 기본적으로 중국 보세창고에 중국 물건이 있으면 안 된다. 그런데 단둥 보세창고에는 중국 제품들이 쌓여 있다.

단둥사람들은 보세창고에 있는 "MADE IN CHINA" 라벨이 붙어 있는 물건을 보면 북한에 생산되었지만 한국으로 수출하는 제품으

4-1/4-2/4-3 조선족거리는 점점 더 북한과의 거래를 강조하는 문구들로 채워지고 있다(2015).

5 조선족거리를 살펴보면 북한에서 현재 유통되는 물건들을 짐작할 수 있다(2015년).

로 읽는다. 역으로 5·24 조치로 금지되어 있지만, 그들은 한국 물건을 단둥 보세창고로 수입해서 중국이 아닌 북한으로 보내는 방법을 알고 있다.

2014년 2월, 보세창고에 나와 함께 갔던 한국의 연구자는 아래와 같은 질문을 했다.

내가 며칠 전 (한국의) 백화점에서 구입한 중국 제품이 왜 여기에 있는 것이죠? 이 제품들이 평양에서 만들었다고 설명하셨는데 왜 "MADE IN CHINA" 라벨이 붙어 있죠? 상식과 현실이 달라서 이해가 안 되네요.

이처럼 5·24 조치 이후 남북 교류의 무관세 혜택이 사라졌음에도 불구하고 단둥의 국경 무역은, 통계에는 잡히지 않지만, 삼국 무역을 중심으로 이루어지고 있다. 그렇다면 한·중 FTA 이후 한·중 무역의 관세 혜택이 본격적으로 실행된다면 단둥의 삼국 무역은 어떻게 될까?

앞의《헤럴드경제》가 전망한 기사 내용을 단둥의 사업가들은 다음과 같이 다르게 말한다.

삼국 무역의 아이콘인 단둥이 한·중 자유무역협정(FTA)으로 재도약 기틀을 마련할 것으로 기대된다. 한·중 FTA가 발효되면, 단둥(북한 포함)에서 값싼 노동력을 활용해서 생산되는 다양한 제품들이 관세 혜택까지 받을 수 있기 때문이다. 이는 가격 경쟁력을 더욱 높여 한국 수출길이 크게 확대될 것으로 전망되기 때문이다.

부연 설명을 하자면, 개성공단과 마찬가지로 단둥은 북한 내 노동력을 활용할 뿐만 아니라 단둥에 거주하는 북한 노동자를 이용할 수 있는 공간이다. 반대로 한국의 물건이 더 저렴한 가격에 단둥으로 수입되어 중국에서 북한으로 수출되는 길이 열릴 것이다. 이는 단둥의 국경 무역 현장만의 특수한 경우가 아니다. 중·조 국경지역의 중국 국경 도시들은 한반도(북한과 한국)와 연결되어 있다.

조선족거리에 남북 교류가 녹아 흐른다

5·24 조치와 상관없이 2010년 이후 단둥의 조선족거리는 두 가지 변화된 모습을 보인다. 하나는 "북한 무역 강조"이고 다른 하나는 "한국 식료품 가게 증가"이다. 우선 당연히 이 거리의 가게들은 중국 제품만 판매하지는 않는다. 이곳에서 북한사람들은 다양한 나라의 물건을 구입할 수 있었다.

예전에는 이들 가게의 광고 간판에 "도매"는 곧 "북한 수출"의 의미였다. 그런데 몇 년 사이에 더 직설적으로 "조선(북한)과의 무역을 강조하는 문구"가 조선족거리를 걷다보면 쉽게 보인다. 몇 년 사이에 아래와 같은 내용을 담은 간판이 증가하고 있다.

저희 공사는 액체 및 고체 화공 제품을 경영하는 전문 공사로 조선과 수년간의 수출 거래를 해왔습니다.

전기 제품들을 조선으로 수출하며 장기간 눅은 가격으로 제공해드리며 품질을 담보하고 빠른 속도로 제품을 제공해드립니다. 품질도 제일 신용도 제일 조선고객님들과의 신용합작을 기대하며 많은 분들의 광림을 열렬히 환영합니다.

조선족거리의 풍경과 역사를 들여다보면 그곳은 북·중 무역만 이루어지는 장소가 아님을 알 수 있다. 10년 전에도 조선족거리에는 한국 물건들을 도매로 파는 상점들이 있었다. 여기에서 판매되는 물건들의 최종 도착지는 대부분 북한이었다. 이 거리의 변화 가운데 하나는 5·24 조치 이후에 이런 상점들이 줄지 않고 오히려 현지조사를 갈 때마다 새로이 개업한 가게들이 늘어나고 있다. 한국의 식료품들을 취급하는 가게에 들어가 보면 판매 가격이 한국과 별반 차이가 나지 않는다.

그 이유에 대해서 상점 주인은 "한국의 대형 마트 때문"이라고 말한다. 그는 "대형 마트에서 저렴하게 구매하기도 한다. 그보다는 (한국에서) 대형 마트가 생기면 주변의 상권이 무너지고 그 결과 많은 소형 가게들이 문을 닫게 되면 땡처리 물건이 발생하죠. 그런 물건을 구입해서 단둥에 가지고 오면 북한사람들이 물건을 싸게 구입해서 북한으로 가지고 갑니다. 우리는 이렇게 살고 있어요."라고 웃으

한·중 FTA와 남북 교류의 연결고리

6 한국 식료품 가게의 물건들은 단둥사람들뿐만 아니라 압록강 너머 북한사람들이 소비한다는 사
   실에 주목을 할 필요가 있다(2011년).
7 북한으로 수출되는 태양전기 관련 제품들(2015년).

면서 설명한다. 그의 말 속에 삼국 무역의 전형이 담겨 있고 북한과 한국이 그동안 어떻게 연결되어왔는지를 보여준다.

한편, 2~3년 사이에 조선족거리의 대표 히트상품은 태양광을 이용해 충전하는 발전기와 제품들이다. 판매 제품의 가격은 한국 돈으로 만 원 전후짜리 손전등부터 다양하다. 장사가 잘 되는 한 가게가 북한에 판매한 제품 금액만 한국 돈으로 500억이 넘는다는 말이 돌기도 한다.

이와 관련되어 북한화교 C는 이런 말도 한다.

북한사람들의 구매 패턴이 바뀌고 있다. 북한사람들이 이제 태양광 조명 제품도 한국 것을 찾아!

단둥사람들은 북한의 노동력을 이용해서 제품(농수산물 포함)을 생산하고 이를 한국에 수출한다. 뿐만 아니라 그들은 북한에서 인기 있는 제품들이 무엇인지를 파악하고 있고, 북한사람들이 한국 제품을 구입하기도 하고 선호한다는 사실도 알고 있다. 그들은 한국에서 제품들을 저렴하게 구입해서 북한사람들에게 판매할 수 있는 방식도 활용한다.

그렇다면 지난 20여 년 넘게 삼국 무역의 중심지에서 살아온 단둥사람들은 한·중 FTA 이후 어떤 사업의 길을 모색할지 짐작할 수 있다. 분명한 것은 그들이 5·24 조치와 상관없이 존재하고 있는 삼국을 연결하는 경제 교류의 길을 알고 있다는 것이다. 그들에게

한·중 FTA와 남북 교류의 연결고리

한·중 FTA 비준 동의안의 국회 통과는 남북 경제 교류의 방식이 하나 더 생겼음을 의미한다.

그런데 한국 정부는 한·중 FTA의 필요성을 주장하면서 5·24 조치 해제에는 동의하지 않는다. 하나만 알고 둘은 모르고 있다. 단둥 사람들의 범주에는 북한사람과 한국사람도 포함되어 있다. 그들의 경제활동의 역사와 현재를 들여다보면, 그들이 그동안 걸어왔고 한국 사회가 앞으로 걸어갈 남북 교류의 길이 보인다.

| # 리영희 선생에게 묻다

〈응답하라 1988〉의 대북 정책

다섯 가족의 이야기를 담은 〈응답하라 1988〉(tvN, 2015~2016)이
큰 인기를 얻은 바 있다. 드라마 공식 홈페이지에서는 "당신이 가
장 행복했던 시절은 언제입니까?"라고 질문을 던지고는 "〈응답하라
1988〉은, 우리가 보낸 시간에 관한 이야기이며 그 시절 청춘을 보
낸, 그리고 지금의 청춘들에 보내는 위로와 격려다. 현재를 살아가
고, 견디며, 잘 지내고 있는 모든 이들에게 보내는 연가, 계절의 봄
처럼 짧았고 청춘처럼 찰나로 지나간 그 시절로의 여행을 떠날 것
이다."고 소개한다.

쌍문동 골목길이 아닌 단둥의 조선족거리엔 네 집단이, 중국사람 (북한화교와 조선족 제외)까지 포함하면 다섯 집단이 모여 살고 있다. 단둥에서 오늘을 살아가는 이 사람들은 어느 해에 특별한 의미를 부여하며 기억할까?

공식적인 남북 교류의 단절을 상징하는 5·24 조치가 발표된 2010년, 단둥이 용천 폭발 사건 당시에 피해 복구 지원의 교두보 역할을 했던 2004년(이 때에 박근혜 당시 한나라당 대표와 당 지도부도 북한 돕기 성금에 참여했다), 단둥페리가 인천과 단둥을 연결하기 시작한 1998년(단둥페리는 남북 교류 활성화에 큰 이바지를 했다), 중국과 한국이 수교한 1992년(네 집단이 본격적으로 단둥에 모여들기 시작했다)이 가장 대표적일 것이다. 이를 바탕으로 드라마를 찍는다면 적어도 네 편의 "단둥식 응답하라"가 나올 것이다.

허구가 아닌 사실에 바탕을 둔 한 편의 드라마가 더 있다. 그들은 〈응답하라 1988〉과 같은 해인 1988년을 기억한다. 1988년은 네 집단 가운데 특히 단둥의 1세대 한국사람에게 남북 교류의 기회를 제공해준 해이다. 서울올림픽뿐만 아니라, 그들은 남북 경협의 계기가 되었던 노태우 대통령의 1988년 "7·7 특별 선언"을 기억한다. 또한 그 해 10월에 발표된 대북한 경제개방조치인 "남북 물자교류에 대한 기본지침서" 덕분에 한국사람의 삶을 바꾼 기회가 찾아왔다. 이를 계기로 그들은 몇 년 뒤 하나둘씩 단둥을 찾아갔고, 그러면서 북한사람, 북한화교, 조선족과 같은 거리의 이웃이 되었다.

아래 인용문은 먼 나라의 이야기가 아니다. 2015년 기준으로

27년 전 한국 정부가 세운 대북 정책이고 한반도가 아닌 중국에서 22년 넘게 남북의 사람들을 만나게 한 근거다.

> 민간상사 북한물자 교역 허용 / 민간상사 북한물자 중계 허용 / 북한원산지표시 상표부착 허용 / 직·간접 교역물자 관세 미부과 / 남북 경제인 상호 접촉·방문 허용 / 북한선적 상용선박 입항 허용 / 남북 경제교류 관련 법제 보완 _통일부 홈페이지, "남북 물자교류에 대한 기본지침서"(1988) 요약

1988년 쌍문동에 사는 가족들이 얽히고설키며 살고 있듯이, 1988년부터 지금까지 단둥의 조선족거리에도 개성 있는 네 집단을 대표하는 다양한 인물들이 얽히고설킨 관계를 맺으며 살고 있다. 그들이 살아가면서 만들어낸 이야기 속에는 "우리(남북)가 보낸 시간에 관한 이야기", "현재를 살아가고, 견디며, 잘 지내고 있는 모든 이들에게 보내는 연가"가 담겨져 있다.

10년 전 한국사람이 운영하는 단둥 중국어 학원에서 함께 공부했던 열일곱 살의 북한 학생과 2007년 내내 대북사업을 하던 단둥의 지인 덕분에 한 달에 두세 번은 진하게 술을 마셨던 두 명의 북한 아저씨의 얼굴이 떠오른다.

그때 내가 그들을 만나고 이야기할 수 있었던 것은 1988년 남북 교류를 허용한 대북 정책이 있었기에 가능했다. 〈응답하라 1988〉 덕분에 복고풍이 유행한다고 한다. 강경 대북 정책이 우세한 요즘

1 북한과 중국을 왕래하는 단둥역의 국제열차는 인편으로 물건이 오고가는 통로로 활용되고 있다 (2007년).
2 압록강 오른쪽이 리영희 선생이 유년시절을 보낸 삭주군이다(2014년).

분위기에서 대북 정책에도 복고풍을 기대하는 것은 너무 무리일까?

박지원, 손기정, 장준하, 리영희와 함께

내친김에 그동안 촬영한 사진과 현지조사 노트 들을 뒤적거렸다. 북한 청소년 둘의 뒷모습을 찍은 2000년 여름 사진을 보자 그때가 떠올랐다. 그들은, 결국에 한국으로 갈 것이라는 내 선입견을 깨고 두만강을 건너 북한 고향으로 돌아갔다. 그 모습을 보고 나는 처음으로 단절이 아닌 교류의 역할을 하는 중·조 국경 모습도 있다는 것을 깨달았다.

나는 현지조사를 할 때 누군가와 마음속으로 대화를 나누는 습관이 있다. 그래서 10년 넘게 단둥의 이야기를 담은 노트에는 네 명의 이름이 수시로 등장한다. 박지원, 손기정, 장준하, 그리고 리영희이다. 각각 시기는 다르지만 모두 단둥과 인연이 있는 분들이다. 종이 모퉁이에 씌어 있는 그들 이름 옆에는 늘 질문이 있었다.

예를 들면 "(내가 본 장면과 내용을) 리영희였다면 (어떻게 볼까)?"와 같은 것들이다.

약 200년 전 압록강을 건너 120리 떨어진 그 당시 중국의 국경 역할을 하던 책문으로 향하던 박지원이 현재 나와 함께 압록강 변에서 노숙을 한다면 나에게 어떤 말을 해줄까?

리영희 선생에게 묻다

3

3 압록강 상류의 북한 국경지역은 변화하고 있다(2015년).

압록강철교(현 압록강단교)를 통해서 신의주에서 단둥(당시 안동)으로 출근을 하면서 마라톤 연습을 했던 손기정은 내가 지금 서 있는 압록강단교에서 무엇을 주목해야한다고 말할까?

신의주가 아닌 의주에서 태어난 장준하는 지금의 삼국 무역의 현장인 단둥을 어떻게 나에게 설명할까?

압록강(단둥 기준 상류) 너머 삭주에서 유년 시절을 보낸 리영희는 단둥과 신의주를 자유롭게 넘나드는 압록강의 새들과 이와 비슷한 네 집단의 삶을 보면서 어떤 해석을 내놓을까?

2014년 겨울, 중·조 국경을 처음 만나고 그곳의 삶을 알게 해준 스승과 함께 했던 4박 5일의 현지조사 노트를 다시 읽었다. 뒷장에 연구 내용과 상관없이 써내려간 글에도 리영희 선생이 있었다. 그때 현지조사 일정은 『열하일기』에 등장하는 책문에서 동네 결혼식 이후 남은 중국술을 공짜로 얻어 마시는 것부터 시작했다.

단둥에 도착하자마자 차가운 압록강 강바람을 피부로 느끼면서 보트에서 북녘 땅과 사람을 접한 뒤, 그는 리영희 선생의 고향 삭주를 건너편에서 바라보면서 추억을 이야기하고, 나는 어느 봉제 공장의 여공들을 보면서 가슴 한구석이 아려오는 것을 느꼈다.

민박집에서는 강 건너 남쪽의 신의주에서 떠오르는 일출을 열심히 찍었다. 북한식당들을 돌아다니면서 냉면을 섭렵하였다. 다음

리영희 선생에게 묻다

4 압록강에 도로가 생기기 전 풍경은 이런 모습이다(2015년).
5 지금도 뗏목은 100년 전과 같은 모습으로 압록강을 따라 흘러간다(2015년).

날, 신의주로 돌아갈 준비를 하는 북한 해외노동자 십여 명을 호텔 로비에서 지켜보다가 아침을 그들과 같은 공간에서 먹었다. 신의주를 막 건너온 트럭들이 수속하는 세관의 모퉁이에서 오래도록 멍하니 앉아 있었다. 비가 내리는 저녁, 평양에서 온 국제열차와 사람을 보기 위해서 단둥역에 간 우리는 아무 말도 하지 않고 그들만을 응시했다.

보세창고에서 북한 물류의 종류와 흐름을 파악한 뒤, 조선족거리를 구석구석 걸어 다니면서 북한의 변화상을 해석했고, 도매시장에서는 북한사람들의 쇼핑 패턴을 따라다녔다. 황금평에서는 현재와 미래를 토론했고 안개 자욱한 압록강변에서 신의주를 응시하면서 밤 산책을 즐겼다. 스승과 함께 했던 내내 리영희 선생도 함께 한다는 느낌을 받았다.

압록강대로와 두만강대로가 국경이 되다

2015년 7월, 9박 10일 동안 압록강과 두만강을 바라보면서 써내려간 글에서도 나는 리영희 선생에게 묻고 있었다.

선생님이 보고 경험했던 강변은 어떤 모습인가요? 한국의 지식인들은 압록강변의 북한 지역에 새롭게 건축한 아파트와 집들을 보고 선전물이라고 말하고 북한을 여전히 고난의 행군 시기로 바라보고 있습니다. 압록강과 두만강 너머 북한을 직접 가지

6 두만강의 국경은 점점 더 고정되고 있다(2015년).
7 압록강에는 경계를 드러내는 국경도로만 있는 것이 아니다. 중국 지안과 북한 만포를 연결하는
   철길도 있다(2015년).

못하지만, 강 건너 북한은 분명 변하고 있음을 느낄 수 있습니다. 철조망과 도로가 2006년 전후부터 새로 등장한 풍경입니다. 그러나 여전히 양쪽의 사람들은 삶을 공유하고 있습니다.

저는 그동안 달려왔던 압록강대로와 지금 달리고 있는 두만강대로가 앞으로 우리의 삶에 어떤 영향을 미칠지 더 궁금합니다. 이곳에 국경의 개념이 없던 박지원의 열하일기 전으로 거슬러 올라가지 않아도 불과 10년 전만해도 어디가 중국 땅이고 북한 땅인지 구분이 잘 되지 않던 압록강과 두만강변의 지역들이 많았습니다.

사람들의 왕래가 많지 않던 두 강의 상류지역들 조차도 도로가 끊임없이 이어지고 있습니다. 강을 공유하고 강폭은 계절에 따라 변하기 때문에 중·조 국경은 늘 유동적이었습니다. 그러나 이제 아스팔트와 시멘트 도로가 지나는 중국 쪽 강변은 국경이 고정되는 모습으로 보입니다. 북한 쪽도 곳곳에 제방과 도로가 들어서고 있습니다. 통일 이후, 우리가 만나게 될 국경은 철조망이 아니고 이 도로들이 될 것 같습니다.

한국 사회에 자리 잡은 분단의 국경은 언젠가는 허물 수 있고, 중·조 국경의 철조망도 아직은 단절의 국경 역할을 하지 않고 있습니다. 하지만 중국이 건설하고 있는 압록강대로와 두만강대로는 여기까지가 중국 땅임을 무언으로 보여주고 있습니다. 사람들은 이 도로들을 차로 달리면서 누가 설명해 주지 않아도 한반도와 중국을 구분하는 국경으로 인식하고 있습니다. 또한 이 도로 위에서 한국사람들은 두 눈이 아닌 한쪽 눈으로만 북한을 바라봅니다.

리영희 선생님, 이 현실 앞에서 우리는 무엇을 고민하고 어떤 시각을 가져야 될까요?

앞으로 나의 연구 내용은 리영희 선생님에게 던진 질문들을 알아가는 과정이 될 것이다. 그래서 늘 두만강과 압록강으로 갈 계획을 세운다. 2005년 나는 일본 오사카에서 리영희 선생과 함께 일본 조선학교를 방문한 적이 있다. 2015년 12월 5일, 리영희 선생이 우리 곁을 떠난 지 어느덧 5년이 되던 날, 리영희 선생과 동행한 추억이 있는 동료들과 우연히 만나 술 한잔 했다. 언젠가 꽃피는 봄이 오면 그들과 함께 삭주 건너편 압록강변에 갈 것을 약속했다.

한국산 커피믹스가 북한을 변하게 할까?

북한사람은 단둥에서 한국을 20년 넘게 만나고 있다

단둥 친구가 사는 아파트 옆집에는 북한 가족이 산다. 두 가족은 티비와 노트북으로 한국 방송을 함께 보기도 한다. 한때 단둥에 가면 친구의 집에서 밤을 새곤 했다. 북한 가족과 이웃사촌으로 지내는 이야기를 듣는 재미가 있었다. 하지만 요즘은 매번 신세를 질 수 없다는 핑계를 대면서, 나는 조선족거리에 있는 비즈니스호텔에 투숙을 한다. 그곳에 가도 북한사람들이 있기 때문이다.

늦은 밤 로비 의자에 앉아 있다 보면, 끊임없이 북한사람들이 호텔로 들어오는 모습을 볼 수 있다. 호텔 예약을 해 준 북한화교 혹

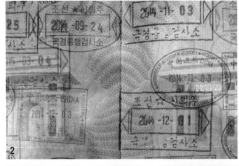

1 단둥역. 북한사람들의 귀국보따리의 규모를 가늠할 수 있다(2015년).

2 북한 여권에서 국경 넘나들기의 횟수를 파악할 수 있다. 사람들은 북한에 갈 때마다 맨손으로 가지 않는다(2015년).

3 단둥사람은 북한으로 귀국하는 북한사람에게 일종의 종합선물세트를 선물하곤 한다(2007년).

은 조선족이 그들을 마중하기도 한다. 그들은 다양한 간식거리를 한아름 들고 들어온다. 얼핏 보아도 한국산 컵라면과 과자가 섞여 있고 한국산 소주도 눈에 들어온다. 그들과 함께 엘리베이터를 타고 같은 층에 내리곤 한다. 방에는 북한과 한국 방송이 나오는 티비가 있다. 위화도가 비치는 객실 창 앞에서 오늘 마주친 북한사람들의 삶의 조각들을 맞추어 본다.

평소 즐기지 않는 아침을 호텔 식당에서 먹는다. 일부러 입구가 잘 보이는 곳에 자리를 잡고 만두와 죽을 먹다보면, 하나둘 북한사람들이 옆 테이블에 와서 식사를 하기 시작한다. 금방 주변에는 40~50명의 북한사람들이 접시에 음식을 담아 먹는다. 한국사람은 나 혼자일 때가 많다. 옆 테이블에 있던 북한사람들이 빠져 나가면 다른 북한사람들이 앉아서 식사를 한다.

이 호텔은 주로 단기 출장 목적으로 단둥에 온 젊은 북한 무역대표들이 애용한다. 함께 식사를 하던 조선족 H는 단둥이 아닌 중국 다른 도시의 북한식당에 근무하는 6명의 북한 여성들에게 가서 인사를 한다. 그는 공무국경통행증 연장 때문에 정기적으로 신의주에 다녀와야 되는 그녀들을 도와주는 일을 하고 있다. 엄마아빠와 함께 중국 방송을 보면서 아침을 먹는 북한아이들도 있다. 그 아이들은 티비에서 미국과 한국 소식이 나와도 고개를 돌리지 않는다.

아침을 먹은 뒤, 나는 북한사람들이 최근에 자주 간다는 다른 호텔로 옮길 준비를 한다. 그곳의 특징은 한복을 입은 북한 여성종업원들이 조식 식당에서 서빙을 하는 데에 있다. 비즈니스호텔보다

한국산 커피믹스가 북한을 변하게 할까?

급이 높다. 이미 호텔 밖에는 북한사람들이 사람마다 제법 큰 여행 가방 두세 개를 자가용에 싣고 있다.

그들을 뒤로 하고 조선족거리를 걷다보면 눈에 들어오는 사람들 대부분이 북한사람들이다. 몇 년 사이에 자가용을 운전하는 북한사람들이 부쩍 늘었다. 옆에서 같이 걷던 조선족 H는 "요즘 북한사람들 가운데 큰 손이 많기 때문에 중국 쪽 대방(사업 파트너)들이 그들에게 자가용을 빌려주는 경우가 늘고 있다."고 설명한다.

H는 나에게 "저기 보이는 북한사람들 가방에 있는 물건들의 금액은 얼마나 될까?"라고 묻는다.

제가 어떻게 알겠어요. 하지만 부피가 작은 물건일수록 비싼 경우가 많다는 것을 압니다. 사장님이 북한 아줌마들에게 판매하는 한국산 귀금속은 부피가 얼마 안 되잖아요? 참 지난 번 동대문 액세서리를 도매로 구입하기 원했던 북한 아줌마들은 평양으로 돌아갔나요? 이번에는 얼마나 구입했어요?

그는 대답 없이 한국 업체가 표시된 거래 명세서를 보여준다.

한 걸음 더 들어가기

나는 조선족거리 바로 옆, 단둥역 광장으로 발걸음을 옮긴다. 북한사람들이 삼삼오오 모여서 평양행 국제열차의 탑승을 기다리고 있다.

기차표와 함께 가방 무게를 검사를 하는 곳은 기차역 2층이다. 어른은 36킬로그램, 아이는 15킬로그램까지 허용한다. 1킬로그램 초과할 때마다 중국 돈 100위안(원화로는 약 1만8,000원 안팎이다.)을 더 내야 한다. 북한사람들은 짐이 가벼운 조선족과 북한화교에게 서로 부탁을 한다. 평양 전화번호를 적은 쪽지를 주면서 소포를 부탁하는 사람들도 바쁘게 움직인다.

이 모습을 볼 때마다 나는 단둥사람들이 흔히 하는 말을 떠올린다. 그들은 "북·중 무역의 진 모습을 보기 위해서는 세관과 단둥역에서 짐을 운반하는 사람들을 주목해야 한다."고 말한다. 그들은 이를 "개미떼 이사"라고 표현한다. 북한사람뿐만 아니라 북한화교와 조선족도 공식 무역통계에 잡히지 않는 이 행렬에 동참한다. 그들은 한국사람의 부탁 때문에 대신 나온 경우도 있다. 그들의 이사 그러니까 국경 넘나들기 횟수는 제한이 없다.

단둥역을 빠져나온 나는 벤치에 앉아 그들의 가방에는 무엇이 들어있을지 상상해본다.

단둥에서 북한으로 들어가는 차량과 짐 보따리에는 각종 한국산 제품도 많습니다. [...] 이들이 주로 구입하는 한국산 물건은 전기밥솥과 화장품, 구두, 염색약, 믹스커피 등 종류도 다양합니다. _《채널 A》 2015년 12월 2일자

중국 단둥의 전자제품점, 한국 제품점의 주요 고객은 북한사람

한국산 커피믹스가 북한을 변하게 할까?

4 2000년부터 북한사람이 애용하던 한국 가게가 여전히 그 자리에 있다(2015년).

이다. 최신 아이패드와 노트북, 한국산 밥솥과 국수 기계 등을 마음대로 사 가고 있다. _《중앙일보》 2015년 11월 19일자

부쩍 단둥을 통해서 북한으로 들어가는 한국산 물건이 있다는 보도와 함께 북한 전문가들은 북한 장마당의 활성화에 주목한다. 그리고 자연스럽게 장마당 세대가 "북한의 시장화 첨병" 혹은 "김정은 체제 위협" 등의 진단으로 결론을 내린다.

〈명견만리〉 프로그램(《KBS》 2015년 8월 14일자)에서 영국 출신 북한 전문기자 앤드루 새먼은 최근 북한 경제는 '돈주'라고 불리는 신흥 자본가 계급과 '장마당 세대'의 출현으로 크게 달라졌다고 한다. 더 이상 정부가 통제하는 경제 체제가 아니라는 뜻이다. _《경향신문》 2015년 8월 12일자

시장화를 촉진하는 조치를 발표하면 김정은이 서 있는 내리막 길의 경사는 더욱 기울어질 것이다. 반대로 가계소득의 70% 이상을 차지하는 시장을 철폐하고 사회주의 경제를 복원하려 한다면 대규모 경제 위기가 일어날 가능성뿐 아니라 주민들의 거센 저항도 배제할 수 없다. _《중앙일보》 2016년 5월 5일자

고개를 갸우뚱거릴 수밖에 없어진다. 〈명견만리〉와 서울대 경제학부 김병연 교수의 위 사설은 단둥의 국경 무역의 역사를 외면하고 있

5 황금평 전경. 한국에선 모내기와 추수 이야기만 한다(2014년).
6 황금평만 바라보지 말고 그 맞은편 단둥 신시가지의 북·중 교류를 주목하자(2013년).
7 단둥 신시가지의 주변 지명은 나라의 문이라는 국문만(國門灣)이다(2011년).

다. 북한 미래에 대한 예측을 하면서 그들은 북한으로 한국산 물건이 유입되는 현상을 최근의 변화 양상으로 간주한다. 그러나 이미 1998년부터 단둥페리가 인천에서 단둥으로 한국 물건을 대규모로 운반하고 다시 단둥에서 북한사람들이 그 물건들을 구입해서 북한으로 돌아간 역사가 있다. 이런 현상은 어제 오늘의 일이 아니다.

장마당에서 자본력을 갖춘 북한판 자본가, 즉 "돈주"들은 자신들이 돈을 벌 수 있는 터전인 장마당이 유지되는 것을 원할까? 아니면 장마당이 없어지는 북한의 변화를 원할까? 미래를 예측하는 것도 중요하지만, 20여 년의 세월 동안 단둥을 통해서 한국산 물건을 소비하고 있는 북한 사회에 대한 이해가 우선해야 하지 않을까?

학창시절, 북한은 잘사는 한국 사회를 알게 되면 스스로 붕괴한다는 교육을 받아온 나로서는 답을 구하기 힘든 우문들이다. 그러나 단둥의 조선족거리에는 북한사람들이 한국산 물건과 음식 그리고 한국 소식을 접한 세월의 깊이와 무게를 느낄 수 있다.

언제까지 황금평의 모내기 이야기를 할까?

한국산 커피믹스 이외에도 단둥에는 북한의 변화와 북·중 관계를 진단하는 단골 소재가 있다. 대표적으로 압록강의 북한 섬인 황금평이다. 모내기철과 추수철마다 매번 반복되는 "황금평 특구엔 볏단만 가득"과 "허허벌판"이라는 신문 제목은 황금평을 바라보는 한국의 일반적인 시각이다.

7-1/7-2/7-3/7-4 신압록강대교의 건설 모습. 2014년 10월에 완공되었다(2013~2015년).

황금평 부지의 대부분은 농토나 황무지로 방치된 상태였다. 추수를 끝낸 논에 쌓아둔 볏단만 가득했고 북한 농민이 농사일을 하는 모습이 드문드문 보였을 뿐, 구획 정리나 기초 공사 등이 이뤄진 흔적은 찾아볼 수 없었다. _《중앙일보》 2014년 10월 21일자

국경을 구분 짓는 철조망 건너에 북·중 공동관리사무소가 건설되고 있었지만 드넓은 황토색 평야와 볏단만이 보여 황금평 사업이 본격화하려면 갈 길이 멀어 보였다. _《한국일보》 2015년 11월 13일자

황금평에 대한 정확한 묘사이다. 하지만 이 풍경을 보고 "멈춰선 북·중 경협" 혹은 "북·중 관계 냉각"이라는 진단을 하는 것은 전체를 보지 않고 일부분만 보고 내린 결론이다. 2011년 6월 황금평 개발 착공식을 한 뒤에도 여전히 모내기를 하고 추수를 하고 있는 북한 지역인 황금평만 바라보기 때문에, 한국 언론은 바로 뒤 중국 지역인 단둥의 북·중 경협과 교류의 현장들을 놓치고 있다.

멀리 갈 것도 없이 주위를 둘러보거나, 더 궁금하면 차로 10분만 돌아다니면 된다. 황금평 너머 중국 지역도 2010년 이전에는 논밭이 대부분이었다. 그러나 이 지역은 지난 5년 동안 볏단이 하나 둘 사라지고 개발 바람이 불었다.

황금평 근처에 신압록강대교가 있다. 한국 언론은 개통을 하지 않는 사실에 주목을 하고 있지만 2010년 12월에 건설을 시작한 다

리는 2014년 10월말 완공되었다. 황금평 너머 인천 송도 규모의 단둥 신시가지에는 건물들이 들어섰고, 2010년 전후부터 북한 해외노동자들이 그곳 중국 공장에서 일을 하고 있다. 이는 황금평 경제특구의 사업모델인 북한이 노동력을 제공하고 중국이 자본을 투자하는 방식과 다를 것이 없다.

국경 너머 중국지역에서 북·중 경협이 이미 이루어지고 있다. 황금평에 가면 그곳만 바라보지 말고, 고개를 돌려 단둥 신시가지를 보며 안목을 키워야 하지 않을까! 100년 전 압록강철교(현 압록강단교)가 건설되면서 의주에서 신의주와 단둥으로 옮겨왔던 국경지역의 삶의 터전이 신압록강대교의 건설을 통해서 다시 변화의 기로에서 있다.

압록강은
서해보다 깊다,
북한 4차 핵실험 이후

핵실험 때마다 반복 보도되는 단둥의 긴장감

2006년 10월, 단둥으로 떠날 준비를 하고 있을 때 북한의 "1차 핵
실험"(2006년 10월 9일)이 연일 방송과 신문을 장식하고 있었다. 주
변 동료와 선배 들은 "뭐 대단한 박사학위 논문을 쓴다고, 위험한
중·조 국경지역에 1년 넘게 가려고 하느냐?" 하며 진심어린 걱정을
해주었다. 핵실험과 관련된 "긴장감 감도는" 단둥 현지 소식을 읽으
면서, 나 역시 무모하다는 생각을 했지만 어쨌거나 단둥으로 향하
는 배에 몸을 실었다.

 10년 전 일이지만 단둥에 도착 한 다음 날, 눈앞에 펼쳐진 압록

1 북한의 핵실험이 있을 때마다 단둥은 긴장감이 감도는 도시로 묘사된다. 북한의 1차 핵실험 직후에 목격한 단둥의 풍경은 평화로움 그 이상도 이하도 아니었다(2006년).

강변의 풍경은 잊을 수가 없다. 핵실험 직후 문을 닫았다는 북한식당은 영업을 하고 있었다. 강변 광장에는 여러 쌍의 신랑과 신부가 기념사진 촬영 준비로 분주했고, 사람들은 산책을 하며 그 장면을 구경하고 있었다. 나는 그 순간부터 한국의 언론을 통해 접한 중·조 국경 지역에 대한 선입견을 하나하나 없애는 작업을 시작했다.

2009년 5월, 한창 연구실에서 박사 논문 초안을 고민하던 나는 북한의 "2차 핵실험"(2009년 5월 25일) 소식과 함께 보도되는 단둥 뉴스에 망연자실했다. 단둥과 신의주 두 도시 사람들의 삶의 수단인 국경 넘나들기에 관한 3년 동안의 연구가 허사가 되는 줄 알았다.

하지만 그것은 기우였다. 언론의 보도와는 다르게 그 이후에도 단둥과 신의주의 삶은 별반 달라지지 않았다. 2013년 2월, 북한의 "3차 핵실험"(2013년 2월 12일) 이후에도 "단둥의 긴장감"과 함께 "압록강의 황량함"을 집중적으로 보도하는 익숙한 내용은 반복되었다.

덕분에 북한의 핵실험과 관련된 기사 내용을 예측하는 눈이 생겼다. 가령, 나는 2016년 1월, 북한의 "4차 핵실험"(2016년 1월 6일)이 보도되는 순간, 단둥의 날씨를 체크했다. 북한의 3차 핵실험이 겨울이었던 것을 기억하면서 이번에도 압록강의 영하 10도 내외의 기온을 고려하지 않은 기사가 나올지 모른다고 생각했다.

앞서 세 번의 핵실험 때와 마찬가지로 다음 날부터 한국 언론은 대개 엇비슷하게 머리기사로 단둥을 "북한 접경 중국 단둥… 고요 속 긴장감 고조"라는 식으로 묘사하였다.

북한의 핵실험 소식이 전해진 6일 신의주와 압록강을 사이에 두고 접경한 중국 랴오닝遼寧성 단둥丹東의 분위기는 외견상 고요한 가운데 긴장감이 감돌고 있었다. [...] 북한 신의주 맞은편 단둥 압록강변 공원에는 평소 산책 나온 시민들과 관광객들로 북적댔으나 이날따라 오가는 사람을 찾을 수 없었다. [...] 단둥 열차역 부근에 조성된 '조선 한국 민속거리'에 있는 음식점과 가게도 종일 썰렁한 모습을 보였다. _《연합뉴스》 2016년 1월 7일자

특파원이 긴장감이 가득한 단둥의 표정을 마지막으로 전해왔습니다. _《MBC》 2016년 1월 8일자

이런 뉴스를 접할 때마다 "도대체 단둥이 긴장감 가득하다고 매번 반복 보도되는 근거는 무엇일까? 영하 10도의 날씬데, 압록강 칼바람을 맞으면서도 사람들이 산책을 할 거라고 생각하는 걸까? 정말로 단둥의 상황이 바뀐 것일까?" 하고 질문을 계속하자 와이프가 끝내 한마디 했다. "그렇게 궁금하면 갔다 오지!" 말이 떨어지기가 무섭게 나는 여행용 가방을 찾았다.

4차 핵실험 일주일 이후, 찾아간 단둥

2016년 1월 13일, 점심 때 대학로에서 회의를 마치고 귀가한 나는 저녁 6시쯤 집을 나섰다. 2015년 가을에 시범 취항을 한 인천—단

등 비행기의 출발 시간은 22시 05분이다. 전세기 형식이었던 이 비행기는 약 세 달 동안 운항되었지만 이번이 마지막 비행이다. 언제 다시 인천-단둥 간 비행기가 뜰지는 정해지지 않았다고 한다. 분명한 것은 북한의 핵실험과 상관없다는 것이다. 이미 한 달 전부터 운항 중단이 공지되었다.

이번 여행의 목적은 한국 언론보도 내용에 대한 사실 여부 확인 및 핵실험 직후의 변화상을 파악하는 것이었다. 그런데 숙제거리가 하나 더 생겼다. 나는 인천공항에서 이날 발표한 "박근혜 대통령의 대국민 담화" 전문을 읽었다. 그 속에서 단둥에서 무엇을 봐야 되는지를 고민했다.

이륙하고 나서 한 시간 남짓 지나 단둥공항에 도착했더니 미리 부탁한 이런저런 물건을 받기 위해 조선족 H가 마중을 나와 있었다. 덕분에 인천공항을 출발한 지 두 시간도 안 되어 단둥시내 호텔에 도착했다. 로비 한쪽에서 북한 여성 4명이 단장(북한 무역일꾼들의 대표)을 찾는 목소리를 듣는 순간 단둥에 도착했다는 것을 새삼스레 실감했다.

H와 조선족 지인과 함께 호텔 방에 들어가자마자 나는 "요즘 단둥에 북한사람들이 없다고 한국 언론이 보도한다."는 말을 그에게 던졌다. 그는 심각한 표정을 지으면서 답했다.

연말연시에 나와 있던 무역일꾼들이 신년 학습 때문에 고향(북한)에 돌아가는 것은 연례행사인데, 그들이 없는 것은 당연한

압록강은 서해보다 깊다, 북한 4차 핵실험 이후

2 북한 노동자들의 식재료 구입처로 이용되는 시장 풍경(2016년).
3 북한으로 수출하는 물품을 적은 조선족거리의 한국어 간판(2016년).

것 아닌가. 며칠 전부터 다시 단둥에 북한사람들이 보이기 시작하던데! 한국 언론은 북한과 관련된 기본적인 상황도 몰라요.

언론의 보도대로 호텔에서 아침을 먹는 동안 북한사람들은 별로 보이지 않았다. 다만 스무 명 정도의 북한사람들이 주변에서 식사를 하고 있었다. H와 "이 호텔은 객실이 140여 개인데, 일 년 내내 주로 북한사람들이 이용하고 있잖아요. 그런데 중국이 대북제재를 하면 이 호텔은 어떻게 될까?"라는 대화를 나눴다.

그러고 나서 나는 북한화교 C의 사무실로 걸어갔다. 역시 추웠다. 평소와 달리 걸어가는 약 10분 동안 북한사람들뿐만 아니라 중국사람들도 보기 힘들었다. 북한의 2016년 달력이 걸린 사무실에 들어가자, 한쪽 방에는 인사를 나눈 적은 없지만 어디선가 본 듯한 얼굴의 북한사람이 컴퓨터로 이메일을 보내고 있었다.

C는 "신의주 공장에 하청을 준 물건에 대한 서류를 검토하고 있었다."고 말하면서 반겨준다. C는 내 궁금증을 예상이라도 한 듯, 연달아 근황을 이야기한다.

바쁜 날 왔네. 신의주에 1,000명 월급을 주는 날이 다가왔고, 월급 가운데 일부분은 현금 대신에 식자재를 사서 보내는 날이기 때문에 바쁘다. 한국 돈으로 한 달에 3,000만 원 정도의 쌀과 콩기름 등을 보낸다. 며칠 전 신의주에서 건너 온 남성노동자 서른 명이 다른 지역으로 이동하기 전에 40평 아파트에서 잠시 머물고 있다.

의류 생산 현황 건으로 평양으로 국제 통화를 하고 나서 그는 나에게 "남성 노동자들이 먹을 식자재를 사기 위해서 시장에 같이 가자."고 했다. 얼떨결에 따라갔다.

그는 며칠 동안 먹을 식재료뿐만 아니라 내일 생일을 맞이하는 북한 노동자를 위해서 맥주와 중국술까지 사며 모두 1,500위안(원화로는 약 27만 원 안팎이다.)을 지불했다. 나는 잠시 생각에 잠겼다.

단둥의 북한 노동자 2만여 명이 구입하는 중국 쌀과 채소, 그리고 고기의 양은 얼마나 될까? 그들의 노동자 계약서류에 보면 한 달 평균 한국 돈으로 약 8만 원이 1인 식비로 책정되어 있으니까, 어림잡아 한 달에 그들을 위해서 중국 재래시장에서 구입하는 식비 총액은 약 15억이 넘는다. 그럼 북한 노동자가 1년에 180억 넘게 중국 재래시장에 돈이 돌게 한다고 볼 수 있다. 여기에다 월급 대신에 신의주에 보내는 식재료 구입 금액까지 합치면 얼마나 될까!

아파트에 물건을 올려 보내고 나서 이번엔 120여 명의 북한 해외노동자를 고용한 식품공장 사장인 조선족 S를 만났다. 점심을 먹기 위해 찾아간 한국 식당에는 북한사람 네 명이 식사를 마무리하고 있었다. 그들이 식사하는 모습은 예의상 카메라를 꺼내지 않았지만 그들이 떠난 테이블 위에 남겨진 한국산 빈 소줏병을 사진에 담았다. 북한화교 C는 "매번 똑같은 사진을 찍는다."고 놀린다.

방금 북한사람들이 먹었던 똑같은 음식으로 식사를 하면서 몸을 녹인 나는, 일본 언론 《교토통신》이 "북한과 접경한 동북 지역 관광업체들에 관광객들을 북한 쪽으로 접근시키지 말라는 중국 당국의 긴급 지시도 내려졌다."(《연합뉴스》 2016년 1월 9일자)고 보도한 압록강변의 선착장에 가보았다. 진위여부를 확인할 수 없었지만, 영하의 날씨에 유람선을 타고자 하는 관광객은 보이지 않았다.

조선족거리에서 지난 가을에 개업했다는 북한식당과 북한으로 수출하는 물품내역이 빼곡히 적힌 상점 간판을 찍고 나서 나는 북한화교 사무실을 다시 찾아갔다. 그러나 북한 무역일꾼들 다섯이서 진을 치고 있는 관계로 옆방에서 하릴없이 커피만 세 잔 마셨다. 그동안 나는 대북제재를 목적으로 북한사람과의 접촉을 금지한 국내법을 상기하다가 한국 지인이 주관하는 저녁식사 자리에 합석했다. 마침 그는 어제 한국에서 온 사업 거래처 사람들을 접대하고 있었다. 북한의 4차 핵실험이 술자리의 주제가 되기보다는 "지난 10년 동안 한국의 냉면 기계 1,000여 대 이상을 평양의 냉면 식당에 팔았다."는 사업 이야기가 술 잔 사이로 오고갔다.

중국의 선택, 대북제재 혹은 국문

단둥의 북한 노동자들 대부분은 비자와 여권이 아닌 공무국경통행

4 신압록강대교의 출발지점에 위치한 국문(國門) 빌딩. 국문은 이 지역 이름이기도 하다(2016년).

증을 가지고 중·조 국경을 넘나들고 있다. 조선족 K와 전화 통화를 했다. 그는 "고용한 인원 가운데 북한 여성노동자 서른셋이 체류 기간 1년이 다 되었기 때문에 신의주에 가서 통행증 연장수속을 하려고 준비하고 있다."고 했다. 다음날 아침 8시, 나는 어제 약속한 그를 만나기 위해서 단둥 세관 앞에 갔다. 그와 함께 버스에서 내리는 그녀들이 보였다.

오전에 신의주에 갔다가 오후에 다시 돌아올 그녀들의 가방에는 지난 1년 동안 모은 돈으로 구입한 다양한 물건들이 들어 있음을 미루어 짐작할 수 있었다. 그녀들의 귀국 행렬을 지켜보면서 나는 박근혜 대통령의 국민 담화를 떠올렸다. 동시에 "단둥 2만여 명의 북한 해외노동자들이 모은 월급으로 중국 시장에서 구입하는 물건들의 금액은 1년에 얼마나 될까?"라고 자문했다.

세관 건물 벽면에는 단둥항이 아닌 중국 잉커우(영구)에서도 북한 남포로 화물선이 매달 3회 왕복한다는 광고가 있었다. 조선족 H를 다시 만난 나는 평양 방문 비자 신청 때문에 작년에 자리를 옮긴 북한 영사부를 찾아가는 그의 차에 동승했다.

이번 방문 목적을 잘 아는 그는 신시가지를 달리면서 한쪽 건물들을 가리키면서 한마디를 보탰다.

저쪽 건물들이 수산물과 봉제 이외에 북한 노동자들이 중국 제품인 전기전자 부품을 생산하는 곳이다. 만약에 중국의 대북제재가 한국 정부의 뜻대로 실행이 되면 저 건물들은 텅 비게 될

압록강은 서해보다 깊다, 북한 4차 핵실험 이후

5 단둥 신시가지에는 (오른쪽부터) 북한 인공기, 중국 오성홍기 그리고 한국 기업 SK 로고가 한눈에 들어온다. 이 공존의 풍경은 신영복의 "더불어숲" 그 자체가 아닐까! (2016년).

것인데, 중국 정부가 과연 자국민인 건물 주인들에게 손해 가는 행동을 할까? 북한 노동자가 빠져 나간 자리를 누구로 채울 수 있을까?

나는 대답을 하지 않았다. 차창 너머에는 중국이 투자한 신압록강 대교와 함께 대북제재의 반대어로 느껴지는 "國門(국문)" 즉 나라의 문이라는 문구가 선명한 대형 건물이 보였다. 앞으로 이 지역에서 "국문"의 성격이 열림과 닫힘 중에서 어떻게 변화될지 그려보았다. 바로 옆에는 새로운 북·중 무역의 세관 역할을 할 건물의 마무리 공사가 한창이었다.

북한 영사부 주차장에 도착하고 나서 나는 그가 서류 처리를 하는 동안 밖에서 계속 이곳을 방문하는 북한사람들과 중국사람들을 지켜봤다. 그러다 카메라를 서둘러 꺼냈다. 북한 영사부 건물 위에는 북한 인공기, 바로 옆 건물에는 중국 오성홍기, 그리고 저 멀리 아파트 벽면엔 낯익은 한국 기업 "SK"로고가 시야에 들어왔다. 삼국이 공존하는 풍경을 카메라에 담는 순간 나는 신영복 선생님의 "더불어숲" 문구가 뇌리를 스쳐지나갔다.

한국식 고기와 반찬을 제공하는 식당에서 나는 각기 다른 국민과 민족 정체성을 가진 지인들과 어울려 밥을 먹었다. 식당의 주 고객은 북한사람들이었다. 식당을 나오면서 인사를 나눈 식당의 여주인은 "헤이룽장성(흑룡강성)이 고향이고 한국에서 약 15년 동안 일하다 1년 전 이곳에 정착했다."고 말하면서 서울의 지하철 노선을 줄줄 외웠다. 단둥사람들이 사는 이야기를 나누자면서 사장 부부가 잡는 바람에 술 한잔 더하게 되었다.

하지만 그날 나는 늦은 밤 인터넷으로 신영복 선생의 별세 소식을 확인하고 잠을 설쳤다. 16일 아침 8시 서둘러 호텔에서 나온 나는 단둥역에서 오전 10시 평양행 기차를 탈 예정인 조선족 지인을 배웅하였다. 그는 "나는 저녁 때 평양에서 강 박사는 서울에서 늦은 저녁을 먹겠네!"라고 작별인사를 했다. 북한사람들과 섞여 기차 대합실 2층으로 올라가는 그를 한참 동안 쳐다보다가 나는 1층을 통해서 2015년 12월에 개통한 단둥—다롄 고속열차에 탑승했다. 창 너머로 방금 헤어진 지인이 탈 평양행 국제열차가 보였다.

단둥과 신의주, 쌍둥이 도시

북한의 4차 핵실험이 있었지만 단둥의 풍경과 사람들의 삶의 모습 어디에도 한국 언론이 보도하는 긴장감은 찾기 힘들었다. 삼국이 공존하는 모습 그대로였다. 산술적으로 단둥에서 다롄까지는 기차로 1시간 45분, 그리고 다롄에서 비행기로 한 시간이면 인천 공항에 도착한다.

나는 세 시간 동안 박근혜 대통령의 대국민 담화 전문을 차분히 다시 읽었다.

북한의 태도 변화를 가져올 수 있을 정도의 새로운 제재가 포함된 가장 강력한 대북제재 결의안이 도출될 수 있도록 모든 외교적 노력을 다해 나갈 것입니다. 이 과정에서 중국의 역할이 중요합니다. [...] 그동안 북핵 문제와 관련해 우리와 긴밀히 소통해 온 만큼 중국 정부가 한반도의 긴장상황을 더욱 악화되도록 하지는 않을 것이라고 생각합니다. 어렵고 힘들 때 손을 잡아 주는 것이 최상의 파트너입니다. 앞으로 중국이 안보리 상임이사국으로서 필요한 역할을 해줄 것으로 믿습니다. _《경향신문》 2016년 1월 13일자에서 재인용

위의 담화 내용에서 한국 정부가 놓치고 있는 북·중 관계는 무엇이 있을까? 내가 중국사람 아니 단둥사람이라면 박근혜 대통령의 담화문을 읽고 어떤 생각을 하게 될까? 우선 중국이 일방적으로 북한에 석유 수출 혹은 원조만 하는 경제적 관계만 있는 것은 아니다. 2014년 현재 한국에서 보도되는 북·중 무역액은 약 68억 달러이다. 이는 말 그대로 통계일 뿐, 북·중 무역의 수많은 관행들을 고려하면 그 금액은 더 늘어날 것이다.

단둥시내 인구는 약 80만 명이다. 북한사람들이 이용하는 숙박시설과 북한 해외노동자들이 근무하는 공장의 사장, 그리고 북한사람들이 주 고객인 도매시장의 가게 주인은 중국사람들이다. 마찬가지로 건물주가 대부분 중국사람인 단둥의 약 25개 북한식당에서 사용하는 식재료는 관행적으로 중국 시장에서 구입한다.

단둥에 출장 나온 북한의 무역일꾼들은 밤이면 중국사람들과 식당과 술집에서 사업 이야기를 나눈다. 이를 두고 단둥사람들은 한

6 단둥의 신시가지 곳곳에 북한 노동자들이 근무하는 공장들이 있다(2016년).
7 북한 해외노동자들이 근무하는 공장들 바로 옆에 한국 기업이 건설한 아파트도 있다(2016년).

집 건너 북한 교역에 직간접적으로 연결되어 있다고 설명한다. 단둥과 신의주 사람들의 관계를 빗대어 "압록강은 서해보다 깊다."는 말도 한다.

이쯤에서 대북제재 여파와 관련된 한국 상황을 찾아보자.

> 고성 지역은 2008년 7월 관광객 피살 사건으로 금강산 관광이 중단된 후 2,464억 원의 경제적 손실을 입고 414곳의 업소가 휴폐업 하는 등 피해가 누적되고 있다. _《국민일보》 2015년 8월 26일자

이처럼 금강산 관광과 관련되어 10년 남짓 관계를 맺은 고성군의 경제적 손실이 이 정도이다. 범위를 넓혀 2010년 5·24 조치에 따른 남북 경협 중단으로 2013년 기준 한국이 입은 경제적 손실은 약 69억 달러라는 주장도 있다. 그렇다면 중국의 처지를 생각해보자.

단둥과 신의주는 20세기 초 함께 태동한 쌍둥이 도시이다. 단둥과 신의주 사람들은 압록강에 기대어 100년을 넘게 살아왔다. 그들의 관계맺음과 삶의 깊이는 금강산과 고성군의 경제적 관계와는 비교가 되지 않는다. 또한 이 두 도시 이외에도 압록강과 두만강에는 경제 교류를 통해 공생하는 북·중 도시들이 많다.

담화 내용처럼 "어렵고 힘들 때 손을 잡아 주는 것이 최상의 파트너"임은 틀림없다. 하지만 중국 정부에게 대북제재 동참을 요구하기 전에, 한국 정부는 역지사지를 한번쯤 생각해야 되는 것이 아니었을까? 한국 정부와 마찬가지로 중국 정부도 자국민의 경제적 손실

을 감수하고 대북제재에 동참을 할까? 이로 인한 중국의 경제적 손실은 얼마나 될까?

　나의 질문에 단둥사람들은 말없이 고개를 저을 뿐이다. 물론 그들은 정치와 외교에 대해서는 잘 모른다. 그러나 그들은 경제적 목적을 가지고 중·조 국경을 넘나드는 삶을 살아왔고 국경에 기대어 경제공동체를 이루고 살고 있다. 신영복 선생님의 "더불어숲" 혜안이 벌써 그립다.

한국 언론은
안락의자
인류학을 한다?

대북제재 뉴스의 의도는?

2016년 1월 북한 4차 핵실험 이후, 북한에 대한 국경 봉쇄가 대북제
재의 이름으로 시도되고 있다. 이에 발맞춰 한국 언론과 대북전문
가는 대북제재의 효과 여부를 날마다 보도하고 진단하고 있다. 그
한복판에 단둥이 있다. 그곳에는 한국 사회가 대북제재에 대한 실
효성 판단의 잣대로 간주하는 북한 노동자, 북한식당이 있다. 그리
고 그곳에선 북한 관련 무역의 현재 상황을 파악할 수 있다.

  그렇다면 한국 사회는 대중매체를 통해 접하는 단둥을 있는 그
대로 바라보고 있을까? 우선 한국 언론사들에는 단둥 주재 특파원

이 없다.* 이런 취재 조건에서도 유엔의 "대북제재 결의 2270호"가 채택된 날인 2016년 3월 3일을 전후로 단둥발 대북제재 뉴스가 쏟아져 나왔다. 한국에서 달려간 기자들은 현장 취재임을 강조하고 있다.

헤드라인과 내용을 읽으면 단둥에서 행해지는 대북제재는 벌써부터 효과가 있는 것으로 보인다.

- 中 단둥항서 1일부터 북한산 광물 수입금지 돌입 _《연합뉴스》 2016년 3월 2일자
- 달랑 1량, 눈에 띠게 줄어든 단둥행 열차 _《뉴시스》 2016년 3월 5일자
- 일주일 만에 다시 찾은 단둥은 폭풍전야 _《한국일보》 2016년 3월 6일자
- 잔뜩 굳은 표정의 北 무역상, 텅 빈 단둥 세관 _《SBS》 2016년 3월 2일자
- 텅텅 빈 단둥항, 반쪽 도시 된 北·中 접경 단둥 _《TV조선》 2016년 3월 5일자

---

* 2016년 6월 29일 《MBC》는 "전 세계 방송사 가운데 처음으로 중국 동북 3성 지역의 중심지 선양에 지사를 설립해 오늘부터 취재, 보도를 시작합니다."고 언급했다.

한국 언론은 단둥에 간다

위의 기사들은 내가 파악한 오보의 일부분일 뿐이다. 한숨부터 나온다. 한국 언론에게는 사실 여부는 중요한 것 같지 않다. 위 인용 기사 내용을 차례로 들여다보자. "석탄으로 보이는 물건을 실은 것은 한 대도 확인되지 않았다고 닛케이는 소개했다."라고 일본 언론을 인용하지만, 상식적으로 생각해도 석탄은 기차와 배로 수입한다. 트럭으로 운반하면 수지타산이 맞지 않는다.

"달랑 1량"임을 강조하면서 "오전 신의주에서 나오는 열차가 압록강대교 통과해 단둥역으로 진입하고 있다."고 기사화했다. 하지만 기자는 기차 시간표도 확인을 하지 않았다. 단둥과 평양을 오고가는 국제열차는 오전 10시에 단둥을 떠나 평양으로 출발하고, 평양을 떠난 기차가 단둥에 도착하는 시각은 오전이 아닌 오후 5시이다. 2016년 현재 국제열차는 평균 네 칸 이상을 운행하고 약 500명의 승객이 탑승한다.

그리고 "압록강에 북한 주민들이 중국에서 들어온 생필품을 배로 이동하고 있다."라고 설명한다. 하지만 이런 풍경은 북한 섬에 정박한 배가 트럭을 싣고 북한의 의주로 막 출항하는 모습이다. 단둥에서 한국 돈 천 원에 판매되는 압록강 지도 한 장을 구입해서 주변 지형을 확인했다면 이런 오보를 할 수 없다.

"단둥 세관은 이미 텅 비었습니다."와 중조우의교를 바라보면서 "자량 한 대도 찾아볼 수 없습니다."라는 멘트에는 고개를 저을 수

한국 언론은 안락의자 인류학을 한다?

1 단둥-평양행 국제열차의 출발시간은 오전 10시다(2016년).
2 지도뿐만 아니라 단둥 시내 곳곳에 압록강의 지형을 설명하는 안내판이 있다. 한국 언론은 이를 참고하지 않는 것 같다(2016년).

밖에 없다. 중조우의교는 일방통행 방식으로 운영되고 있기 때문에
세관의 주차장이 붐비고 트럭이 다리를 건너는 시간대가 다 다르다.
3월과 4월 단둥에 간 나의 눈에는 세관은 비어 있지 않았고 중조우
의교의 차량 움직임도 확인할 수 있었다.

중조우의교의 개통은 2002년이 아니고 1943년 일제 강점기이다.
그런데 "지난 2002년 북·중 우정의 상징으로 건설됐지만 지금은 텅
텅 빈 중조우의교가 북·중 관계의 현주소를 보여줍니다."라는 설명
은 단순 실수로 치부하기에 문제가 많다. 그 이후에도 《TV조선》은
단둥의 현장 상황을 무시한 채 꾸준히 오보 방송을 하였다.

단둥발 뉴스 중에, 시선이 "얼어붙은 단둥" 혹은 "변경이 얼어붙
었다."에 자꾸만 머문다. 다행히 단둥은 이제 봄이다. 2016년 4월
14일, 한겨울의 칼바람 때문에 손님이 없던 유람선들은 압록강과
봄바람을 즐기는 사람들로 채워지고 있었다. 단둥은 여행 비수기에
서 성수기로 접어들고 있었다.

지난 1월 추워서 압록강변에 가지 않았던 나는 압록강을 바라보
면서 생각에 잠겼다. 수많은 오보가 있지만 최소한 단둥의 날씨와
현실을 구분하지 못하는 오보가 다가오는 겨울에는 재생산되지 않
기를 바라는 것은 부질없는 짓일까?

한국 언론은 단둥 문화를 모른다

영화 《공동경비구역 JSA》의 한 장면에서 여자 주인공(이영애 분)이

한국 언론은 안락의자 인류학을 한다?

3 단둥 세관의 주차장은 시간대별로 차량들이 있고 없고를 반복한다. 과연 한국 언론은 언제 단둥 세관을 찍었을까? (2016년).

4 단둥 세관이 만차인 관계로 들어가지 못한 트럭들은 세관 밖 도로에서 긴 행렬로 대기하고 있다. 이 모습이 단둥의 현실이다(2016년).

책임자에게 한마디 한다.

그럼 안락의자 인류학자네요.

북한 관련 뉴스가 터질 때마다 한국 언론은 단둥 현장으로 간다. 그러나 그들이 취재한 내용은 현장에 가지 않고 연구실 책상에 편히 앉아서 보고서만을 가지고 연구하던 "안락의자 인류학자"와 별반 다르지 않다. 비록 그들은 단둥 현지에서 취재했다고 하지만 참여관찰은 하지 않고 현장의 목소리, 분위기, 그리고 실제 모습과는 다른 이야기를 한다. 또한 단둥에 가지 않은 한국 언론은 타 언론사 오보를 그대로 재생산하고 있다.

한국 정부의 대북제재가 효과가 있음을 보도하려고 했던 것일까? 그런데 나는 이렇게 믿고 싶다. 한국 언론이 사실 여부를 알고도 오보를 한 것이 아니라, 단둥과 압록강에 기대어 사는 사람들의 삶의 방식, 즉 문화를 너무 모른다고 말이다. 그러나 문제는 다른 곳에도 있다. 그들의 보도는 단둥의 현실을 왜곡하는 것에 그치지 않는다. 한국 사회가 남북과 북·중 그리고 삼국 관계를 있는 그대로 이해하는 것을 가로막는 장벽의 역할을 하고 있다.

5 어느 봄날, 단둥의 북한 노동자들은 야유회와 운동회를 했다(2016년).

북한식당,
오해와 사실
사이에서

북한식당, 남북 만남의 공간

나는 2000년부터 중·조 국경지역을 다니면서 수없이 북한식당에 갔고, 그곳에서 다양한 남북 만남을 목격했다. 그 가운데 기억에 남는 일화는 남북 젊은이 사이의 전화 통화이다. 간단히 소개를 하자면 이렇다. 2013년 나는 "압록강에 발 담그고 과일을 먹자!"라는 주제에 동참한 지인들과 함께 중·조 국경을 여행했다. 마지막 날, 다렌공항에서 일행 가운데 한 사람이 북한식 냉면을 먹으며 북한 여성 종업원과 함께 손잡고 합창을 했던 단둥의 북한식당에 전화를 했다.

1 단둥시내 한복판에 위치한 북한식당. 북한식당의 규모에 주목을 할 필요가 있다(2015년).

한국에 돌아와 뒷풀이 장소에서 그가 통화 내용을 말해주었다.

그냥 궁금했습니다. 북한식당에 전화를 하면 너무나 노래를 잘
하던 그 여성 종업원과 통화가 가능한지. 그런데 너무나 쉽게
바꾸어 주더군요. 그녀가 이런 말을 하더군요. 아프지도 말고
늙지도 말고 있는 그대로의 모습으로 다시 만나자고! 그래서 저
도 그러자고 대답했습니다.

아무도 예상하지 못했던 그의 행동이었다. 하지만 전화 내용을 전
해들은 사람들은 말없이 미소를 지었다. 그 다음해 그는 단둥에서
그녀를 다시 만나 눈인사를 나누었지만 거기까지였다. 1년 뒤, 나는
그에게 그녀가 북한으로 돌아가자마자 시집을 갔고 딸을 낳았다고
전해주었다.

이와 같이 북한식당에서 이루어지는 남북의 만남이 마냥 좋은
것만은 아니다. 중국을 여행하는 한국사람들은 남북의 특별한 만남
에 조금은 설레고 조금은 긴장한 마음으로 북한식당에 간다. 기대
와는 달리, 북한 여종업원들의 차가운 태도에 마음의 상처를 받기
도 한다. 하지만 넉살 좋은 한국사람은 대접을 받기도 한다. 가이드
의 상술에 메뉴판보다 비싸게 음식을 먹기도 하고 한국 소주 가격
에 익숙한 그들은 "술값이 비싸다."고 말한다.

"원래 중국에서는 음식값보다 술값이 더 많이 나온다."는 현지인
의 말은 귀에 들어오지 않는다. 마냥 기대했던 냉면은 "생각했던 그

북한식당, 오해와 사실 사이에서

2 한국 언론이 대북제재 이후 폐업했다고 보도한 단둥의 북한식당(2016년).
3 폐업했다는 북한식당은 불과 100여 미터 옆으로 이전했을 뿐이다(2016년).

맛이 아니다."라고 이구동성 이야기를 하면, 나는 "사실은 대부분의 북한식당 요리사는 중국사람이다."라는 말을 해야 될지 말아야 될지 고민을 한다. 북한 여종업원의 공연을 본 뒤, 한국사람의 반응은 호불호가 갈린다.

북한 종업원들이 일하는 식당, 북한식당이자 중국식당

이처럼 중국의 북한식당은 한국사람들에게 그동안 민간차원의 남북 만남을 통해서 애증을 확인해주는 역할을 하였다. 이런 공간에 대해서 한국 정부는 2016년 대북제재의 연장선상에서 북한식당을 주목했고, 한국 언론은 대북제재 효과가 어떻게 북한식당에 미치고 있는지를 연일 보도하고 있다.

한국 사회는 개성공단에 이어 북한식당도 또 하나의 휴전선이 되기를 희망하는 모양새이다.

> 정부 당국자는 북한은 해외식당 130여개를 운영해 연 평균 1000만 달러(약 135억원) 정도를 상납 받고 있다며 현재 절반 이상의 식당이 상납금 조달에 어려움을 겪고 있는 것으로 파악된다고 설명했다. _《국민일보》 2016년 4월 10일자

> 정부가 해외 북한식당의 이용 자제를 권고한 후, 북한식당이 가장 많이 몰려있는 중국 동북 3성의 북한식당들이 된서리를 맞

고 있습니다. 열 곳 중 한 곳이 폐업했고 다른 식당들도 손님들이 급감했다고 합니다. [...] 단둥의 북한식당 열다섯 곳 중 이곳을 포함해 3곳이 폐업했습니다. [...] 강력한 대북 압박과 제재 국면 속에 현지인과 여행객들의 발길이 끊겼기 때문입니다.

_《KBS》 9시 뉴스 2016년 4월 7일자

2016년 대북제재 이후, 나는 단둥에 네 번 다녀왔다. 북한식당과 관련된 한국 정부의 발표와 언론의 보도를 접할 때마다 내가 알고 있는 단둥의 북한식당 현황과 너무나 달라 당황스럽기만 하다. 북한식당과 관련되어 한국 정부의 발표와 언론의 보도가 모르고 있고 놓치고 있는 것이 여러 가지 있다.

이를테면 한국에 폐업했다고 알려진 북한식당들은 건물을 옮겨서 영업을 하고 있었다. 그 중 하나는 차로 10분이 넘게 가야 하는 건물로 장소 이전을 했지만. 다른 하나는 이전 식당 자리에서 불과 100여 미터 떨어진 곳으로 이전했다. 간판도 똑같은 이름으로 내걸었다.

한국 언론이 겨울철에 문 닫은 모습을 취재하면서 폐업했다고 보도하던 K식당은 단둥이 여행 성수기에 접어들면서 손님을 맞이하고 있었다. 중국 손님으로 가득한 H식당엔 어림잡아 1,000여 명의 손님이 식사를 하면서 북한 여종업의 공연을 보고 있었다.

단둥의 북한식당의 규모는 한국 언론이 보도하는 대로 약 15개가 아니다. 북한 여성 종업원들이 일하는 약 25개의 식당이 있고, 손님의 대부분은 한국사람이 아니라 중국사람이다. 주 요리는 중국식이고 북한 요리가 차지하는 비중은 낮다. 그들은 보통 한국사람보다 몇 배의 요리와 술을 주문한다. 때문에 매출에서 한국 손님이 차지하는 비중은 한국 사회가 생각하는 만큼 크지는 않다. 최소한 단둥에서 한국 손님이 가지 않으면 북한식당이 망할 것으로 기대하는 것은 무리수다.

북한 여성종업원들이 근무하고 1,000여 명의 손님을 받을 수 있는 두 개의 식당 가운데 하나는 북한식당이 아닌 북한화교가 운영하는 중국식당으로 명성이 높다. A호텔은 중국사람이 사장이지만 호텔 식당과 조식 서빙은 북한 여성종업원들이 담당한다. 이처럼 북한식당은 중국 자본과 북한 노동력이 결합된 형태가 주를 이룬다. 단둥사람들은 "북한식당에 가지 말라는 이야기는 중국식당에 가지 말라는 이야기와 똑같다."라는 말을 한다.

남북 만남의 공간을 하나 더 잃는다는 의미는?

2016년 단둥 북한식당의 현주소는 대북제재의 효과가 미치지 않고 있고 미칠 수 있는 영역도 아니다. 그렇다면 "한국 사회가 북한식당을 만남의 공간에서 또 하나의 휴전선으로 만들면서 얻는 것은 무엇이고 잃는 것은 무엇일까?"라는 자문을 하게 된다. 나는 간판이 사라진 식당을 찍고 나서 100여 미터를 걸어 똑같은 식당 이름으로 영업을 이어가고 있는 북한식당 앞에서 카메라를 꺼냈다.

4 단둥역 내부의 선물가게. 중국에서 생산한 제품은 조선과 한국 맛을 동시에 강조하고 있다. 국경을 구분하지 않는 단둥의 문화가 그대로 녹아 있다(2016년).

북한식당을 멍하니 응시하고 있는 나에게 조선족 A는 한마디 한다.

단둥과 신의주 사람들은 압록강의 물을 함께 마시고 살고 있다. 불과 10년 전만 해도 중국과 거의 붙어있는 황금평의 북한 주민들과는 서로 농사철 품앗이도 했다. 그러니까 이웃 동네가 아닌 한 동네 사람처럼 살아왔고 지금도 그렇게 살고 있다.

20년 전부터는 단둥의 한국사람도 이런 삶 속에서 자연스럽게 살아왔는데, 2010년 5·24 조치와 이번 2016년 대북제재 조치 때문에 그들만 힘드네! 한국사람들이 북한식당에 가지 않는다고 변하는 것은 없을 것 같은데!

그에게 할 말이 없는 나 자신이 답답했다. 나는 휴전선이 아닌 공유의 성격이 강한 중·조 국경지역, 압록강에서 또 하나의 익숙하고도 낯선 국경선 긋기를 시도하고 있는 한국 사회에 살고 있다. 떠나기 전, 나는 2016년 초 단둥역내에 개업한 선물가게 진열대 앞에서 한참을 서 있었다. "중국 공장"에서 생산한 "한국 맛"을 강조하는 찰떡은 "NORTH KOREA TASTE"와 "朝鮮(조선)"의 글자가 선명한 쇼핑백에 담겨 있었다.

이는 단순 실수라고 보기에는 긴 여운이 남았다. 오히려 국경을 구분하지 않는 단둥의 문화가 그대로 녹아 있다는 느낌을 받았다. "과연 이 지역에서의 국경은 무슨 의미일까?"를 고민하면서 고개를 돌리자, 주변은 평양행 국제열차를 타기 위한 북한사람, 북한화교, 조선족 들로 붐비고 있었다. 그 중에는 서양의 젊은이들도 보였다. 한국 국적인 나만 평양행 국제열차를 탈 수 없다는 사실을 새삼 깨달았다.

그러나 단둥에는 20년 넘게 그들과 함께 삼국을 연결하는 경제공동체를 형성하면서 이웃사촌으로 살아가는 한국사람들 또한 있다. 네 집단이 있기에 남북의 만남은 꿈속의 일이나 먼 미래의 일이 아니다. 지금 이 순간도 사람들은 함께 압록강변을 걷고 있다.

사진에 모든 것을 담아내지 못했다

한여름 유별난 폭염 속에서 마지막 교정 원고와 씨름을 할 때, 이번
책에 담을 사진들을 고르는 작업도 병행했다. 2000년 무렵에 두만
강변을 필름 카메라로 찍을 때에는 물리적인 제약이 많았지만, 디지
털 카메라를 마련한 이후에는 마음 놓고 사진을 찍을 수 있었고 삼
국의 허브 역할을 하는 국경지역의 문화를 담아낼 수 있었다. 그렇
게 찍은 사진 한 장 한 장이 소중한 자료로 남게 되었다.

　그렇지만 약 2만3,000장을 다시 보니 진한 아쉬움이 남았다. 나
는 전문적으로 사진 촬영을 배운 적이 없다. 다만 아름다운 사진보
다는 인류학의 자료 축적에 목적을 두고 꼼꼼히 중·조 국경에서 살
아가는 사람들의 모습과 변화하는 상황들을 찍으려 노력했다. 16년

동안 꾸준히 남겼다고 생각했는데 빈 구석이 너무 많았다. 매번 갈 때마다 특정 장소와 공간은 놓치지 않고 촬영했다고 생각했지만, 당연히 담았다고 여겼던 삶의 현장들이 겨우 몇 장밖에 안 되는 경우도 제법 있었다.

많은 이야기가 사진 그 자체로 설명될 수 있었는데 말이다. 그때 찍었더라면 하는 장면들이 하나둘 생각난다. 특히 내 머릿속과 글에는 선명하게 남아 있는 네 집단의 사람 향기 나는 다양한 생활상들이 사진으로 기록되지 않았다. 한편으로는 단둥에서 카메라를 마음 놓고 사용할 수 없는 여건과 나의 게으름 때문에 놓치기도 했지만, 다른 한편으로는 인류학의 윤리 강령을 엄격하게 지키다 보니 허락받지 않은 촬영은 최대한 자제했기 때문이기도 했다.

그렇지만 솔직히 말해 아쉽다. 2010년 5·24 조치 이전의 일이다. 어느 북한 출신 아버지와 아들이 근처 테이블에서 양꼬치를 구우면서 평양 말씨로 이야기를 나누는 모습을 몇 번 본 적이 있다. 때로는 아들이 중국 학교에 적응하는 이야기와 같은 반 친구인 한국 학생에 대해서 대화를 나누는 것을 듣기도 했다. 그런가 하면 중국어 학원에서 6개월 동안 내내 북한 여학생 옆에 앉아 이런저런 이야기를 나누기도 했다. 북한사람과 한국사람이 사무실에서 또는 식당에서 무역업무 이야기를 할 때 그들 옆에는 내 자리도 있었다. 그런데 그들의 얼굴을 담은 사진이 별로 없다. 찍었더라도 뒷모습만이 컴퓨터에 저장되어 있을 뿐이다.

단둥 네 집단의 사람들과 진한 술 한 잔 한 뒤 찍은 그 흔한 기념

사진조차도 몇 장 밖에 없었다. 5·24 조치 이후에 자기 검열의 강도가 더 심해졌다는 것이 최근 5~6년 사이에 찍은 사진들에 묻어난다. 그래도 사람들이 생생하게 등장하는 사진들이 여러 폴더에서 보인다. 이는 앞으로 내가 풀어야 할 숙제가 무엇이며, 어떻게 이들 사진 이외에 담지 못한 빈 여백을 채워야 하는지를 보여주고 있다.

다시 시작하는 마음을 품고

이번 책은 2013년에 출판한 첫 책 이후의 상황에 초점을 맞추고 있다. 또한 좁게는 단둥과 중·조 국경, 넓게는 삼국이 연결된 문화를 다루었기에 시리즈 성격이 강하다. 이 두번째 책의 출판을 앞둔 8월 말 벌써 나는 다음 책의 밑그림을 생각하고 있다. 연구자가 품은 작은 꿈속에는 3년 뒤 2016년 대북제재 이후의 삼국이 어떻게 연결 혹은 단절되었는지, 그리고 어떤 문화적 변화가 있는지를 들여다볼 세번째 책이 들어 있다.

때마침 단둥의 지인들이 이런저런 물건의 구입을 부탁하기 시작했다. 나는 이를 핑계 삼아 아내에게 직접 갔다 오겠다고 말하고 8월말 늦은 오후에 단둥에 도착했다. 이번 일정은 단둥에서 만난 첫 인연이자 지금까지도 네 집단의 다양한 삶들을 가르쳐주는 사업가 이희행 선배를 만나는 것으로 시작했다. 이 선배는 단둥한인회 회장을 역임한 적이 있는 베테랑이다. 그와 나는 자리에 앉자마자, 10년 전 가을비 내리던 이른 저녁 신의주가 고향인 북한화교가 운영하던 술집에서 처음 만났던 추억들로 회포를 풀기 시작했다. 우리는 10살 터울인 관계로 대학 강의실에서 만난 적이 없지만 지금은 함께 인류학의 눈으로 국경지역인 압록강변의 문화를 토론을 하는 사이가 되었다.

저녁식사와 술자리에서 나눈 사람들의 이야기보따리를 한마디로 요약하면, "단둥사람들이 보도 듣도 못한 중국의 대북제재 상황에 대한 한국 언론 보도들"이다. 반복되는 수많은 오보에 이골이 난 그들은 "중조우의교가 한 달간 보수공사를 한다."는 한국 언론의 오보 덕분에 국경 무역 종사자들과 중조우의교를 넘나드는 트럭들이 정신없이 바쁘게 움직였다고 허탈웃음을 지을 뿐이었다. 일본 언론 역시 이런 오보에 동참한다는 말은 빠지지 않았다.

다음 날 아침을 먹으면서 8명의 북한 여성 무역일꾼들이 열심히 구입할 물품 내역을 의논하는 모습을 한참 동안 지켜보고는, 앞으로의 연구를 위해 준비한 광각 줌렌즈를 테스트할 겸 이틀 동안 압록강변과 단둥 거리를 한없이 걸었다. 조선족거리에는 "단둥-신의주-평양" 택배를 한다는 회사가 하나 더 생겨 영업을 시작했고, 여행사들마다 "무비자 조선(북한) 반나절 여행" 상품 광고에 집중하고 있었다.

이를 반영하듯, 단둥세관 안엔 어림잡아 2백 명이 넘는 중국 관광객들이 줄을 서 있었다. 중국사람들에겐 350 위안이면 외국 여행을 할 수 있는 기회가 열린 셈이었다. 오후 세관거리는 신의주로 넘어길 드럭들로 채워졌다. 2013년에 "소녀시대" 노래가 흘러나오던 유람선에서는 "반갑습니다"라는 북한 노래가 관광객들 귀에 울렸다.

오후 5시 중조우의교를 건너 단둥으로 들어오는 평양발 국제기차는 지난 4월에는 4칸이었지만 지금은 6칸으로 늘어났다. 15명 이상의 북한 여종업원을 고용한 중국 호텔이 개업했다면서 7월에 조선족 지인이 보내준 사진 속의 건물을 찾아 전경을 촬영했다. 북한식당으로 들어가는 중국 관광객들의 모습만을 촬영한 뒤, 나는 북한사람들이 즐겨 찾는 조선족식당으로 발걸음을 옮겼다.

한국으로 오기 전 마지막으로 들른 조선족거리 한 모퉁이에선 북한사람과 조선족이 장기를 두고 있었다. 장기판을 둘러싼 네 집단의 사람들과 섞여 한참 동안 구경하다가 이번에는 수첩에만 이 상황을 남기지 않기로 했다. 사진 두 장을 찍었다. 한 장은 그들의 뒷모습만을, 다른 한 장은 북한사람임을 드러내는 배지를 달고 있는 앞모습이다.

그 순간 내 세번째 책은 이 사진과 함께 2016년 한국 사회의 대북제재 분위기와 중국 단둥의 실상이 어떻게 다른 모습을 보였는지를 설명하고 그 의미를 분석하는 글로 시작하겠다고 계획을 세웠다. 이렇게 나는 단둥에서 한국 사회를 만나기 위한 참여관찰의 여정을 또 다시 시작했다.

나는 단둥 지인들에게 "첫눈이 오기 전에 돌아오겠습니다."라고 말을 하고 헤어졌다.

한 여름의 단둥 조선족거리에서 조선족과 북한사람이 장기를 두고 네 집단의 사람들이 구경을 하고 있다. 통일 이후엔 이런 장면이 쉽게 연출될 것이다. 단둥에서는 이미 현실 그 자체로 벌어지고 있다. 단둥은 이런 곳이다(2016년).

부록

| 부록 1 | 중 · 조 국경 답사 주제와 일정표

그동안의 현지조사한 내용을 반영해서 만든 중·조 국경 답사의 주제와 일정표 가운데 하나이다. 중·조 국경에서 북한만을 바라보는 답사가 아닌 국경에 기대어 살아가는 사람들을 만나고 그들의 삶을 조금이나마 참여관찰할 수 있는 기회가 되도록 구성했다. 이 표는 필자가 기획한 답사나 다양한 단체들의 답사 자문에 활용하고 있다.

단둥·압록강·고구려·백두산 여행(4박 5일):
압록강변에서 발 담그고 과일을 먹자!
안보 관광에서 통일관광으로!

일자	지역	교통	시간	주요 일정	주요 내용
제1일	인천 선양 통화	항공 전용버스	9:30	인천공항 집결	· 출국수속
			12:45	인천 출발	· 비행시간 약 1시간 30분
			13:15 (이하 중국시간)	선양공항 도착	· 기내식
			13:30	현지가이드 소개	· 북·중 무역 사업가 겸 가이드 인사 및 만남
			13:30/17:00	통화 출발	· 버스 안에서 답사 인원 인사 · 답사에 대한 기대감 나누기
			17:00	저녁: 조선족식당	· 조선족 음식 맛보기
			19:00	통화 호텔 투숙	· 답사 숙소 짐 풀기
			만주 벌판에서 떠오르는 일출 감상		
제2일	통화 백두산 통화	전용버스	7:00/7:30	호텔 조식	· 중국식 아침식사, 과일, 커피
			7:30/11:30	백두산으로 출발	· 백두산 알아가기 1
			11:30/13:00	점심: 중국식당	· 중국 음식 맛보기
			13:00/16:00	백두산	· 1442개 계단을 통해 백두산 등정(40분)

			시간	장소	내용
			17:00/18:00	저녁: 중국식당	·중국 여행지 음식 체험
			18:00/21:00	통화로 출발	·백두산 알아가기 2
			21:00	통화 호텔 투숙	·답사 숙소 짐 풀기
			만주 벌판에서 떠오르는 달 감상		
제3일	통화 지안 단둥	전용버스	7:30/8:00	호텔 조식	·중국식 아침식사, 과일, 커피
			8:00/10:00	지안으로 출발	·고구려 역사 공부하기
			10:00/12:00	지안	·광개토왕비, 장수왕릉, 벽화촌, 고구려분
			12:00/13:00	점심: 조선족식당	·식사를 하면서 압록강 넘어 북한 만포시 조망
			13:00/17:00	단둥으로 출발	·압록강 중류에서 발 담그기 ·압록강변에서 여름 과일 먹기 및 사색 잠기기
			17:00	호산장성 일보과 유람선 한국전쟁 당시 중공군 도하장소	·중국의 역사 만들기 ·압록강 중조 최단거리의 국경(압록강의 특성 이해) ·공유인 국경에서 유람선 타기
			18:00/20:00	저녁 : 북한화교식당	·북·중 무역을 통해서 부를 획득한 북한화교가 운영하는 단둥의 최고 식당 체험
			20:00	단둥 호텔 투숙	·답사 숙소 짐 풀기
			압록강에 비치는 달 감상		
제4일	단둥	전용버스	8:00/9:00	호텔 조식	·중국식 아침식사, 과일, 커피
			9:00/12:00	신압록강대교, 황금평, 단둥 신시가지	·북·중 경제 협력 현황 파악 ·약 100년이 된 단둥과 신의주 도시 역사의 새로운 출발 현장 ·압록강에 담긴 100년의 역사 느끼기 (일제강점기, 한국전쟁, 북·중 관계)

			시간	장소	내용
제4일	단둥	전용버스	12:00/13:30	점심: 중국식당	· 중국식 샤브샤브 맛보기 압록강단교 앞에서 신의주 조망을 하면서
			13:30/16:00	조선족거리	· 국경 무역 현장, 세관, 가게, 식당 주변 돌아다니기 (단둥의 북한사람, 북한화교, 조선족, 한국사람의 주 무역 활동 장소)
			16:00/17:00	단둥 한글학교	· 단둥의 한국 아이들의 삶 들여다보기
			17:00/19:00	저녁: 북한식당	· 북한 음식 맛보기 및 북한 여종업과의 대화 나누기
			19:00/21:00	압록강공원	· 어둠에 잠긴 압록강변 걷기 · 통일과 평화에 대한 사색 시간 · 중국의 공원 문화 체험 · 통일을 기원하는 풍등 날리기
			21:00	단둥 호텔 투숙	· 호텔과 주변거리에서 북한사람들의 삶 느껴보기
			신의주에 떠오르는 일출 감상		
제5일	단둥 선양 버스	전용버스 항공	8:00/9:00	호텔 조식	· 중국식 아침식사, 과일, 커피
			9:00/10:00	압록강단교	· 한국전쟁의 관광상품화, 미공군 폭격 흔적 · 손기정 선수의 마라톤 연습 루트 · 1박 2일(강호동 일행) 팀의 국경 뛰어넘기 퍼포먼스 장소 · 압록강과 다음 만남을 기약하면서 작별
			10:00/11:00	책문으로 이동	· 열하일기 따라가기 · 조선시대 국경의 위치 확인하기
			11:00/13:00	선양으로 이동	· 여행 마무리 소감 나누기
			13:00/14:00	점심: 만주족식당	· 만주족 음식 맛보기
			14:00/14:30	선양공항으로 출발	· 압록강 상류에서 하류까지 일정 마무리
			17:00	선양공항	· 한국으로 출발
			19:30 (한국시간)	한국 도착	· 여행 뒷풀이를 기약하면서 해산

| 부록 2 | 북한 해외노동자 계약서

나는 현지조사 과정에서 다양한 북한 해외노동자와 북한식당의 계약서를 수집하였다. 아래는 그 가운데 2013년 작성된 단둥 북한 해외노동자의 계약서의 원본 내용을 바탕으로 다시 옮겼다. 다만 회사는 익명으로 처리했고 틀린 글자와 문법도 그대로 두었다. 내용을 구체적으로 살펴보면, 그들 삶의 단면과 북한 사회 변화의 실마리를 찾을 수 있다. 북·중 사이의 경제교류 방식과 의미 또한 이해할 수 있다.

계 약 서

중화인민공화국 ○○시에 법적주소를 두고 있는 ○○시○○복장제의유한공사(이하 〈##〉이라고 한다)와 조선민주주의인민공화국 평양시에 법적주소를 두고 있는 조선○○무역합작회사(이하 〈**〉라고 한다)는 다음과 같이 계약한다.

제1조 계약목적과 대상
1) 본 계약은 의류임가공 분야에서 쌍방 사이에 협조를 위하여 〈**〉가 파견하는 재봉공들을 쌍방의 리익에 맞게 효과적으로 리용하여 경제적인 리익을 얻는 것을 목적으로 한다.
2) 〈**〉는 1차적으로 72명의 로력을 2013년3월 말까지 보내며 앞으로 인원수는 쌍방의 합의하여 300명에 이루기까지 결정한다.

제2조 쌍방의 임무
2.1 〈##〉의 임무
1) 〈##〉은 〈**〉인원들의 입출국, 거주, 로동허가 등 수속을 책임지며 이와 관련한 일체비용을 부담한다.
2) 중화인민공화국의 법률과 국제법에 기준하여 〈**〉 인원들의 신변안전 보장과 일반의료 봉사를 진행한다.

---

3) 〈**〉 성원들에게 중국 로동자들과 동등한 숙식환경, 목욕 및 취사조건을 보장하며 이와 관련한 숙식비용은 〈##〉이 부담한다.
4) 〈**〉 재봉공들이 작업외의 원인으로 일을 계속하지 못하게 되었을 때 생명의 위험이 없는 경우 〈**〉는 환자를 조선으로 돌려보내며 돌발적인 사정으로 생명의 위험이 있어 구급치료를 하여야할 때는 〈**〉의 동의를 거쳐 중국 병원에서 치료하며 〈##〉이 부담한다.
5) 〈**〉 작업조건과 작업량을 제대로 보장하지 못하여 작업하지 못하는 경우에는 계약된 생활비를 지불한다. 또한 〈**〉의 민족적인 감정을 존중하며 그들의 민족적 명절에 휴식하도록 한다.
2.2 〈**〉의 임무
1) 〈##〉의 초청에 따라 〈**〉는 자체의 비용으로 작업인원을 중국측 국경까지 파견 조직한다.
2) 〈**〉인원들은 중국의 현행법과 질서, 기업내부질서와 로동안전규정을 존중하고 준수한다.

제3조 로력비 지불

1) 〈##〉은 〈**〉성원들이 현지에 도착하여 작업을 시작한 때로부터 로력비를 지불하며 1인당 첫달은 650RMB, 둘째달은 950웬, 세째달은 1250웬, 네째달은 1550웬, 다섯째달부터는 1850웬, 여섯째달부터는 2150으로 이후 6개월간 고정지불하며 지불 시기는 다음달 3일전으로 〈**〉가 지정하는 구좌에 환치 혹은 현금으로 지불한다. 상기 로임에는 식비 350웬이 포함되어있다. 추후 식비를 300웬으로 하고 로임을 50웬 올리는 문제를 토의한다.
2) 파견인원은 다음과 같이 구성한다.
1차적으로 72명, 2차 로력은 쌍방이 합의하여 날자와 인원수를 정하여 리행한다.

제4조 계약기간과 로동 및 공휴일

1) 계약기간은 〈**〉성원들이 현지에 도착한 때로부터 3년으로 한다.
2) 〈**〉가공자들이 작업을 태공하거나 제정된 시간 내에 과제를 수행하지 못하였을 경우에는 그만큼 로력비를 삭감하며 기술, 기능제고로 계획된 과제를 초과 수행하였을 경우와 납기와 관련하여 명절, 휴식일에 부득이하게 작업하는 경우 추가 지불한다.
3) 〈**〉 성원들은 량국의 명절과 공휴일에 호상합의에 따라 휴식할 수 있다.

4) ⟨##⟩측은 작업지시를 ⟨**⟩측 지휘일군들을 통하여 주며 인원들의 로력배치와 조절은 ⟨**⟩측과 토의하여 진행한다.
5) ⟨**⟩측 인원들은 작업장의 제정된 질서와 로동안전규정을 존중하고 엄수하며 ⟨##⟩측의 작업지시가 집행되지 않아 발생하는 경제적 손실에 대해서는 ⟨**⟩측이 책임진다.
6) ⟨##⟩측은 ⟨**⟩측 성원들의 작업과 생활에 대하여 불만이 제기되는 경우 ⟨**⟩측 대표를 통하여 문제를 해결하도록 한다.

제5조 효력발생과 유효기간 및 소환, 교체
1) 본 계약은 쌍방이 계약서에 수표후 3년간 유효하며 어느 한 일방이 계약만기 6개월 전에 그것을 수정하거나 폐기할 것을 서면으로 통지하지 않는한 자동적으로 3년씩 연기된다.
2) ⟨**⟩측 성원들 중 병으로 일할 수 없거나 작업도중 사고나 병으로 1개월 이상 일반치료를 받는 경우 ⟨**⟩측은 그를 소환할 수 있으며 다른 인원으로 교체할 수 있다.

제6조 양도
쌍방은 서면통지가 없이 본 계약에 지정된 자기의무를 전부 또는 일부를 제3자에게 마음대로 양도할 수 없다.

제7조 안전
1) ⟨##⟩측은 ⟨**⟩측 성원들의 개인재산과 신변안전을 보장한다.
2) ⟨##⟩측은 ⟨**⟩측 성원들 중 임의의 한 성원이 작업과 관련되는 병을 앓거나 로동사고로 일할 수 없는 경우 그에 대한 일반치료비를 부담한다.

제8조 분쟁해결
계약 쌍방은 본 계약 리행과정과 해석에서 발생하는 모든 의견 상의는 평등과 호혜의 원칙에서 협의 방법으로 해결하며 해결하지 못하는 경우 국제무역중재기관에 의뢰하여 해결한다.

제9조 위약책임
1) 계약일방이 본 계약의 계약리행을 전부 혹은 부분적으로 위반하여 다른

일방에게 손해를 주었을 경우 경제적 손실을 배상하여야 한다.
2) ⟨##⟩측은 거주 및 로동허가수속을 하지 못하여 ⟨**⟩성원들이 철수할 경우 단둥주재 조선령사관에 보관한 75,000 인민비를 돌려주지 않는다.

제10조 불가항력
1) 계약 쌍방이 화재, 홍수, 지진 등 자연재해나 전쟁 등 불가항력 요인의 영향을 받아 계약을 전부 혹은 부분적으로 리행할 수 없을 경우 쌍방은 책임지지 않으며 불가항력이 해제된 다음 계약리행을 계속 진행할수 있다.
2) 불가항력이 발생되면 15일내로 상대방에게 통지하여야 한다.

제11조 계약의 작성언어, 수정보충 및 해석
본 계약서는 중국어와 조선어 각각 2부씩 작성 되여 동등한 법적효력을 가진다. 본 계약 리행과정에서 제기되는 수정 및 보충은 쌍방의 서면합의에 의해서만 진행된다.

○○시○○복장제의유한공사를　　　조선○무역합작회사를
　　　대표하여　　　　　　　　　　대표하여

2013년 　년　　월　　일

| 참고문헌 |

머리말

조세희, 2000, 『난장이가 쏘아올린 작은 공』, 이성과힘
강주원, 2003, 「탈북자 소수집단에 대한 남한 사회의 구별짓기」, 한양대학교 대학원
　　　　석사학위 논문
강주원, 2013, 『나는 오늘도 국경을 만들고 허문다』, 글항아리
《한겨레신문》 2014년 4월 14일자, "통일부는 '5·24 조치'의 폐해를 보려 하지 않아"
《한겨레신문》 2014년 4월 14일자, "통일부는 학자 위에 군림하는 곳인가"

국경 읽기 1 ── 압록강에서 북한만 바라보지 말자!

《중앙일보》 2015년 7월 6일자, "통일 준비하려면 우선 신의주 불을 켜야 한다"
《중앙일보》 2015년 7월 6일자, "[평화 오디세이] 분단 70년, 평화가 와야 통일이 온다"
《중앙일보》 2015년 7월 9일자, "[평화 오디세이] 김훈 '강(江)의 노래'③ 두만강에서"
《중앙일보》 2015년 7월 13일자, "서로 얼싸안고 춤추며 노래하라"

국경 읽기 2 ── 오늘 부친 한국 물건, 모레 평양에서 받는다

강주원, 2013, 『나는 오늘도 국경을 만들고 허문다』, 글항아리
《오마이뉴스》 2015년 8월 16일자, "문재인 한반도 신경제지도 발표, 남북경제통합"
《KBS news》 2015년 9월 2일자, "중국 단둥~선양 간 고속철 개통"
《연합뉴스》 2015년 9월 15일자, "中 단둥~선양 고속철 '1시간생활권' 단축"

국경 읽기 3 ── 단둥, 또 하나의 개성 공단

조정래, 2013, 『정글만리』, 해냄
대외경제정책연구원, 2015년 9월 2일자, 「중국 뉴노멀 시대 북·중 경협의 구조적 변화」

국경 읽기 4 ── 북한 해외노동자들이 존재한다는 의미

강주원, 2013, 『나는 오늘도 국경을 만들고 허문다』, 글항아리
김진향 외 3인 2015, 『개성공단 사람들』, 내일을 여는 책

《KBS 스페셜》2007년 9월 9일자, "달러 벌러 왔습니다, 해외의 북한 노동자들"
《한국경제》2013년 3월 28일자, "北, 연일 위협 하면서도 '달러 박스'는 결코 포기못해?"
《국민일보》2013년 3월 31일자, "北, 개성공단도 南위협수단"
《조선일보》2014년 11월 24일자, "北 돈줄 막혔지만… 해외 강제노동으로 政權 유지"
《문화일보》2015년 2월 11일자, "'국제시장' 덕에 派獨 광부.간호사 재평가 받는 기분"
《연합뉴스》2015년 4월 30일자, "북한, 러시아 파견 노동자 4만7천여명"
《연합뉴스》2015년 5월 13일자, "북한 해외노동자 파견, 정권의 주요 외화획득 수단"
《한겨레신문》2015년 6월 11일자, "개성공단은 과연 '퍼주기'인가"
《세계일보》2015년 6월 17일자, "북한 해외노동자 노예생활 신음"
《연합뉴스》2015년 8월 18일자, "개성공단 임금 갈등 해법 마련…경색 남북관계 영향
　　　줄까"
《서울신문》2015년 8월 22일자, "정부, 개성공단 폐쇄 대신 안전 최우선 '플랜B' 검토"
《연합뉴스》2015년 9월 16일자, "북한 해외노동자 노예노동 개선 국제사회 나서야"
《동아일보》2015년 9월 19일자, "[한국 외교사 명장면] 〈6〉 독일로 간 광부-간호사"

국경 읽기 5 ── 압록강의 철조망은 탈북자 방지용이 아니다

강주원, 2013, 『나는 오늘도 국경을 만들고 허문다』, 글항아리
《오마이뉴스》2005년 7월 11일자, "한강 하구 뱃길, 정전협정 52년 만에 연다"
《한겨레신문》2006년 2월 19일자, "인천 '냉전 철책' 갇힌 채 국제도시 꿈꾸나"
《연합뉴스》2011년 3월 29일자, "中, 압록강 일대 北접경에 철조망 신설"
《연합뉴스》2013년 8월 2일자, "中, 북중 국경 두만강 하류까지 철조망 설치"
《주간경향》2015년 3월 10일자, "남북을 동강 낸 38선"
《프레시안》2015년 9월 6일자, "북한과 중국 사이, 철조망 세워진 이유는"
《KBS》2015년 9월 16일자, "[취재후] 13년 만에 찾은 중국 단둥…삼엄해진 국경"
《국방저널》7월호, "위협받는 한강하구를 지켜라"

국경 읽기 6 ── 단둥발發 북한 뉴스 이해하기

《조선일보》2011년 7월 16일자, "[Why] 의원 12명이 월북? 알고 보니 유람선 답사"
《SBS》2013년 12월 19일자, "[취재파일] 단둥이라는 문구명을 통해 보는 요지경 북한"
《경향신문》2015년 5월 28일자, "탈북 작가, 북한 삶 그대로 보여주는 게 통일문학의
　　　시작"
《KBS》2015년 8월 11일자, "슈퍼코리아의 꿈 2부작"
《경향신문》2015년 10월 20일사, "[특파원칼럼]단둥에서의 단상(斷想)"

국경 읽기 7 ── 압록강에 발 담그고 과일을 먹자!

어깨동무, 2015, 『어깨동무 소식지』 109호

《중앙일보》 2011년 7월 10일자, "김문수, 중국 단둥은 통일안보의 현장"

국경 읽기 8 ── 남북 만남의 디딤돌은 바로 네 집단

강주원, 2013, 『나는 오늘도 국경을 만들고 허문다』, 글항아리

김병연, 2016, 「중국의 대북무역과 투자」, 『KDI 북한경제리뷰』

《한겨레 21》 2015년 3월 19자, "갈라져 이어진 땅, 접경지대"

《한국일보》 2015년 11월 13일자, "초라한 신의주, 화려한 단둥"

《일요신문》 2015년 11월 17일자, "문재인, 5·24조치로 인해 北, 중국의존도 높여"

국경 읽기 9 ── 단둥엔 한국사람보다 북한사람이 더 많다

강주원, 2013, 『나는 오늘도 국경을 만들고 허문다』, 글항아리

《국민일보》 2015년 5월 17일자, "한국인 사업가들 많이 떠나⋯中업체만 배 불린다"

《연합뉴스》 2015년 6월 19자, "북한동향 바로미터, 단둥의 시계는 5년 전"

《연합뉴스》 2015년 9월 16일자, "북한 해외노동자 '노예노동' 개선 국제사회 나서야"

《연합뉴스》 2015년 10월 12일자, "재외동포 한 명뿐인 '나 홀로 거주국'은 어디일까"

《미디어오늘》 2015년 11월 10일자, "나는 조선 사람, 언젠가 다시 북으로 돌아갈거다"

국경 읽기 10 ── 한·중 FTA와 남북 교류의 연결고리

《해럴드경제》 2015년 11월 19일자, "한·중FTA 발효땐 개성공단 제품 'Made in Korea'"

《채널 A》 2015년 11월 28일자, 〈잘살아보세〉

국경 읽기 11 ── 리영희 선생에게 묻다.

tvN 홈페이지, 〈응답하라 1988〉

통일부 홈페이지, "1988년 남북 물자교류에 대한 기본지침서"

국경 읽기 12 ── 한국산 커피믹스가 북한을 변하게 할까?

《중앙일보》 2014년 10월 21일자, "3년간 기업 유치 0건⋯ '황금평 특구'엔 볏단만 가득"

《경향신문》 2015년 8월 12일자, "세계 경제가 주목하는 동북아 접경도시 탐방"

《KBS》 2015년 8월 14일자, "명견만리: 왜 경제통일인가?"
《한국일보》 2015년 11월 13일자, "초라한 신의주, 화려한 단둥"
《중앙일보》 2015년 11월 19일자, "진화하는 북한 경제, 진화 없는 대북정책"
《채널 A》 2015년 12월 2일자, "北찬양 열올리던 黨지도원, 南 재봉설비 구할 수 있나"
《중앙일보》 2016년 5월 5일자, "[중앙시평] 러시아를 보드카병에서 구한 것은"

국경 읽기 13 ─── 압록강은 서해보다 깊다, 북한 4차 핵실험 이후

《국민일보》 2015년 8월 26일자, "고성 주민들, 금강산 관광 재개 큰 기대"
《연합뉴스》 2016년 1월 7일자, "北中 접경 단둥 긴장감… 식당가 북한손님 '실종'"
《MBC》 2016년 1월 8일자, "단둥 북중 접경지 '긴장', 北 군인들, 중국이 더 나빠"
《연합뉴스》 2016년 1월 9일자, "교도, 中, 동북 관광업자들에 북한 쪽으로 접근 말라
　　　　지시"
《경향신문》 2016년 1월 13일자, "[전문]박근혜 대통령 대국민 담화"

국경 읽기 14 ─── 한국 언론은 안락의자 인류학을 한다?

《연합뉴스》 2016년 3월 2일자, "中 단둥항서 1일부터 북한산 광물 수입금지 돌입"
《SBS》 2016년 3월 2일자, "잔뜩 군은 표정의 北 무역상, 텅 빈 단둥 세관"
《뉴시스》 2016년 3월 5일자, "달랑 1량, 눈에 띄게 줄어든 단둥행 열차"
《TV조선》 2016년 3월 5일자, "텅텅빈 단둥항, 반쪽 도시 된 北·中 접경 단둥"
《한국일보》 2016년 3월 6일자, "일주일 만에 다시 찾은 단둥은 폭풍전야"
《MBC》 2016년 6월 29일자, "경찰차에 무장 군인, 긴장 속 북중 접경지역 단둥"

국경 읽기 15 ─── 북한식당, 오해와 사실 사이에서

《KBS 9시 뉴스》 2016년 4월 7일, "[집중진단] 손님 급감… 中 동북3성 북한식당 '된
　　　　서리'"
《국민일보》 2016년 4월 10일자, "북한 해외식당 집단탈 유사 사례 추가 발생 가능성"

강주원

서울대 인류학과 대학원에서 석·박사 학위(2012)를 받았다. 2000년 여름부터 한반도 밖이자 국경 지역인 중국 단둥을 포함해서 두만강과 압록강을 다니고 있다. 2020년 봄부터는 한반도 안인 임진강과 한강 그리고 DMZ의 안과 밖도 넘나들고 있다. 북한사람·북한화교·조선족·한국사람의 관계맺음을 꾸준히 기록하고 있다. 남북 교류와 만남, 분단의 풍경과 삶을 배우고 있다. 이러한 작업을 통해서 북한과 한국 사회를 낯설게 보고 만나고자 노력한다. 한반도 평화와 공존에 대한 고민을 업으로 삼는 인류학자의 길을 걸어가고 있다. 지은 책으로『웰컴 투 코리아』(2006, 공저),『나는 오늘도 국경을 만들고 허문다』(2013, 한국연구재단 우수도서 사후 지원 사업 선정),『압록강은 다르게 흐른다』(2016),『압록강은 휴전선 너머 흐른다』(2019),『휴전선엔 철조망이 없다』(2022) 등이 있다. 2012년에 재외동포재단 학위 논문상을 받았다.
kjw422@hanmail.net

압록강은 다르게 흐른다

1판 1쇄 펴냄 2016년 10월 17일
1판 5쇄 펴냄 2023년 9월 21일

지은이   강주원
펴낸이   정성원·심민규
펴낸곳   도서출판 눌민

출판등록   2013. 2. 28 제2022-000035호
주소   서울시 강북구 인수봉로37길 12, A-301호(01095)
전화   (02)332-2486   팩스 (02)332-2487
이메일   nulminbooks@gmail.com
인스타그램·페이스북 nulminbooks

ⓒ강주원 2016

Printed in Seoul, Korea

ISBN 979-11-956464-9-4 03300